伍迪·艾伦 传

WOODY ALLEN

一个犬儒主义者

PROFESSION:CYNIQUE

[法] 艾娃·卡昂

AVA CAHEN

著

陆泉枝 译

上海译文出版社

目　录

译序　001

绪论　001

前言　001

第 1 章　纽约犹太故事　001

　　"布鲁克林没在膨胀！"　002

　　快乐的知识　006

　　艾伦化身伍迪　011

　　初入好莱坞　017

第 2 章　滑稽小丑成喜剧大王　024

　　无序与失德　027

　　生活于无名之中　032

　　绝对的权利　035

　　伍迪、上帝与机器人　039

　　命运的反讽　045

第 3 章 "第一章" *051*

　　戴安·基顿及其他女性 *054*

　　特殊与普遍 *056*

　　将城市当作游乐场 *060*

　　价值的转换 *065*

第 4 章 变形记 *073*

　　肉与灵共存一体 *075*

　　造物主与创造物 *078*

　　宣泄表达 *082*

　　铭刻电影的名字 *085*

　　家庭故事 *089*

　　怀旧爵士演奏 *093*

第 5 章 黑色幽默 *100*

　　横向与纵向 *103*

　　内心的情结 *105*

　　做出选择 *109*

　　生命不能承受之轻 *112*

　　快砍掉他的头! *117*

　　教学偷窥癖 *121*

　　迷恋游戏,热衷冒险 *124*

　　歌队有道理 *129*

　　包法利主义、同类相食与自慰 *134*

第6章　非理之人的胜利　143

　　厌世者、私人侦探与瞎子　145

　　我没有提绳来拽我　153

　　我不需要任何人来拉提绳　157

　　看得更远，看得更高　160

　　迈向无穷之外　165

　　吸引法则　170

　　犬吠时刻　173

　　回归包法利主义　178

　　当代危机　184

　　圈套中的圈套　187

后记　196

影片列表　200

参考文献　212

译 序

（一位犬儒主义电影大师的肖像）

陆泉枝

作为世界影坛的常青树，伍迪·艾伦（1935—　）从影已有半个世纪之久，基本以一年一部电影的节奏推出自己的作品。他不仅自编自导，而且很多时候还在片中出镜，这在世界电影史上的确鲜有前例。不过，任何艺术家的创作，无疑都离不开个人经历与想象虚构那种看似浑然天成的有机融合。

正如艾伦本人所言，他"所有的作品基本上都带有自传性①"，但这种做法显然让周围有些亲友大为不快，正如影片《解构哈利》中，露西对哈利的控诉就尤为切题，她指责作家将他人痛苦化为"自己的金子"。然而，亦如本书作者评述，导演始终玩着"自传条款的真假游戏②"，而且最终虚构还是占据了主导。于是，在满足观众窥私欲望的同时，艾伦自由地畅游于真实与虚构的边界地带。

本着这种宗旨，本书作者很好地将导演的生平传记与影视创

---

① Eric Lax, *Conversations with Woody Allen*, Knopf, 2009, p. 7.
② Ava Cahen, *Woody Allen Profession cynique*, L'Archipel, 2015, p. 17.

作结合起来加以平行分析。由此，导演在曼哈顿的童年生活、对各级教育的愤懑、表演脱口秀的经历、多次有始无终的婚恋（最终却以娶自己的养女宋宜荒诞收场），这些细节多少可以从《无线电时代》《安妮·霍尔》《丹尼玫瑰》《解构哈利》《丈夫与妻子》等片之中窥见一斑。毫无疑问，读者透过这幅肖像，将会更好地评介导演的电影作品。

伍迪·艾伦出生在纽约布鲁克林区的一个犹太大家庭，父母属于中下工薪阶层。这是一个敏感、忧郁但热衷反思的孩子，母亲的苛责与疏远养成了他腼腆、孤僻的性格。他从孩提时代起就过早关注人世的生死与人生的意义，而从消遣中行乐就成了解脱死亡的一剂灵丹妙药。尽管身处经济萧条的罗斯福新政年代，但文化娱乐活动并未因物质的匮乏而停滞不前。那是电影的黄金年代，《一夜风流》（1934）、《魂断蓝桥》（1940）、《卡萨布兰卡》（1942）等佳片迭出。这个泡在电影院长大的孩子，从五岁就初入街区附近各大影院。也正是童年时期对电影的广泛接触，为日后艾伦从脱口秀表演转向银幕奠定了基础。

当他还是一名高中生的时候，十六岁的艾伦开始为报刊专栏和电视节目写笑话并迅速蹿红。高中毕业后，他于1953年进入纽约大学学习传媒和电影，却由于《动画制作》科目挂掉而退学。显然，这是一个不务正业的学生，大学生活一年之后就遭退学也是最好的明证。这次辍学少了一名大学毕业生，却多了一位自学成才的电影大师。或许，大凡有才有志之人，无不成于樊篱之外。这次求学失败的经历，无疑酝酿了艾伦对于教育体制的极端厌恶。在《安妮·霍尔》中导演借主人公艾维之口，如此讽刺学校的教员："那些不会干事的去教书，而那些不会教书的去教体育。"

在摆脱家庭和学校的管束之后，二十岁不到的艾伦获得了真正的自由，自此便可以专心从事笑话写作。随着写作经验的日渐积累，艾伦并不甘于替其他脱口秀演员作嫁衣，于是向经纪人杰克·罗林斯和查尔斯·约菲提议，自己欲从幕后走到台前表演脱口秀。从 1963 年首次登台《今夜秀》① 开始，不到几年的时间，这个生性羞怯的犹太人竟成为纽约夜总会和电视脱口秀的宠儿，在博得观众笑声和掌声的同时，更奠定了自己在纽约娱乐界笑星的地位。

在纽约这座不夜城从事脱口秀表演两年之后，1965 年艾伦受邀担任影片《风流绅士》的编剧，由此踏上了迈向第七艺术之路。毫无疑问，对于擅长笑话写作和脱口秀表演的艾伦来说，早期的作品必然承袭了搞笑的风格。然而，这部电影的拍摄完全成了世俗的游戏，之后他从日剧改编的《老虎百合》（1966）以及他参演的《皇家赌场》（1966）则成为他电影生涯中两次"可怕的经历②"。艾伦对于好莱坞影片拍摄和运作模式的失望，不仅导致他日后在多部影片（《名人百态》《好莱坞结局》）中对其加以贬斥，而且也解释了他从不出席奥斯卡领奖典礼的缘由。显然，他已与好莱坞分道扬镳，且势不两立。

三十三岁那年，艾伦正式独立拍摄了《傻瓜入狱记》（1969），自此走上了自编、自导、自演（大部分影片）的道路。此后，艾伦的影片继续他的搞笑路线，不过也始终没有引起观众和评论界的过多关注。1977 年，艾伦推出的《安妮·霍尔》无疑是他职业生涯的分水岭，因为该片不仅于次年斩获四项奥斯卡奖项（最佳影片、最佳导演、最佳原创剧本及最佳女主角），而且也标志着导演个人影视风格从搞笑喜剧向严肃正剧的成功转变。对艾伦来说，

---

① 《今夜秀》（The Tonight Show），美国国家广播公司推出的脱口秀节目，自 1954 年开办以来长盛不衰，可谓世界上运作时间最长的节目。——译者
② Stig Björkman, *Woody Allen on Woody Allen*：*In Conversations with Stig Björkman*，Grove Press，2004，p. 15.

这些奖项毫无价值，而实现个人的艺术诉求才是终极目标。

撤开导演的犹太家庭背景、复杂的个人情史、奔走欧美两地拍片的事实，我们需要像本书作者那样给他贴上"犬儒"的标签，来探求导演作为影人的艺术抱负以及他在作品中所要揭示的真与美。犬儒主义作为古希腊亚历山大时期的一个学派，曾与斯多葛、伊壁鸠鲁和怀疑论学派并驾齐驱。作为一个标签，它首先与犬好斗而执着的天性密切相关。作为一个流派，它又与第欧根尼这位哲人对人生的反思、藐视权威的反叛精神不可分割。据说，这位希腊人曾以木桶为家，漫步城邦向同胞讲述哲理，不过世人却将他视为疯子。更为甚者，在亚历山大前去拜访时，他非但没有卑躬屈膝，反而躺着慢条斯理地说："请不要遮挡住我的阳光。"这种不卑不亢的气魄不但没有惹恼这位大帝，而是令他发出了这样的感叹："如果我不是亚历山大，我愿作第欧根尼。"

作为一名现代犬儒，艾伦就人生为何值得活下去这样的终极问题进行深入思考，而家庭、教育、宗教、人世、婚姻、性爱、权利、命运、理性，所有这一切都未能逃脱他犀利的审视与颠覆性批判。尘世的凡人都终有一死，那么人生的意义何在？在艾伦还是个孩子的时候，这个问题就始终萦绕在他的心头。这是身为纽约犹太知识分子的艾伦，对于上帝和来世的质疑，对于天堂和地狱的否定。

然而，这种耽于沉思的个性，在为导演带来创作灵感和拍摄素材的同时，却减损了他本人的婚姻与爱情幸福。从第一任妻子哈伦·罗森（1956—1961）到第二任路易丝·拉瑟（1966—1970），再从女友戴安·基顿（1970—1975）到生活伴侣米娅·法罗（1979—1992），艾伦最终却以娶比自己小三十五岁的养女宋宜（1997—至今）结束了个人婚姻生活。导演的生活比他的电影更具戏剧性！而婚姻关系也始终是导演影视作品的主要旋律，影片

《安妮·霍尔》《曼哈顿》《开罗紫玫瑰》《爱丽丝》及《丈夫与妻子》毫不例外地讲述了男女夫妻（情侣）最终以分手为必然归宿的结局。是导演用情过于花心，还是爱情被婚姻埋葬？对此我们不得而知。

或许，对于身为犬儒的艾伦而言，婚姻已成为他个人自由的羁绊。因为对于反叛的灵魂，没有什么比自由更为重要。不禁让人想到匈牙利诗人裴多菲·山陀尔（Petöfi Sándor，1823—1849）的名诗《自由与爱情》："生命诚可贵，爱情价更高；若为自由故，两者皆可抛。"不过，艾伦对于人类社会二元婚姻关系的叛离，不仅体现在自己的私人情感生活上，同样也体现在他近年的影片《午夜巴塞罗那》（2008）中。该片大肆宣扬后现代恋爱观，将个人肉体欢愉作为最高的法则，彻底颠覆了"1 + 1"的家庭模式，无疑迎合了当今欧美社会对于多元家庭关系构建的呼吁。

除家庭和婚姻制度以外，艾伦对于社会权利对个体施加的压迫同样给予批判和控诉。这种对于权利的反叛从他的未来主义喜剧片《傻瓜大闹科学城》（1973）就已初露端倪。片中，导演将时间定格在二百年后的 2173 年，此时人类社会已步入高度发达的智能时代，一切体力劳动俨然已被机器人独揽，不过社会权利斗争依然如现今那样上演。由艾伦扮演的迈尔斯·门罗，作为当前迈向未来的个体，他对于苏联领袖斯大林和法国首脑戴高乐张冠李戴式的戏谑与调侃，充分折射出导演对于一切社会形式（共产主义和资本主义）的质疑，同时也反映出他对一切社会权利的蔑视。从这个层面来说，导演在十年之后推出的《西力传》（1983）看似在讲述一个因境而异的变色龙故事，实则从另一个角度谴责了社会权利胁迫的个体趋同。

在反叛家庭、社会、权利的影坛生涯中，导演主要以反讽与戏谑作为自己最有力的手段，而质疑、颠覆和反讽也正是犬儒主

义哲学的精神理念和有力武器。从撰写笑话与表演脱口秀起步的
艾伦，显然充分掌握了幽默反讽的秘诀。他讽刺大学教育（《星尘
往事》），讽刺宗教与上帝（《爱与死》），讽刺婚姻性爱（《性爱宝
典》），讽刺自己的母亲（《俄狄浦斯的烦恼》），讽刺权利与趋同
（《西力传》），讽刺好莱坞商业片（《名人百态》）。作为一种言语层
面的修辞手段，反讽无疑提供了最有力的颠覆性策略和手段。因
为只有颠覆现有的社会价值体系，才能为新生的价值体系提供成
长的沃土和空间。

秉承古代犬儒质疑、反叛、反讽的哲学理念，伍迪·艾伦以
同行少有的创造力和旺盛的精力活跃于世界影坛半个世纪，可谓
独树一帜，尽匹夫之力抗娱乐之主流。在好莱坞商业片横扫电影
市场的当下，导演始终坚守自己的道路，以个人才华为观众奉献
或优秀或平庸的作品。从这点来讲，尽管公众对艾伦的作品褒贬
不一，不过导演可以按照个人想法拍摄电影，无疑实现了一位影
人的艺术梦想与精神诉求。人生浮沉于世，向往的无非是不羁的
自由。

绪 论

"迷恋电影是最近才发现的一种急性疾病……这种可怕的疾病主要袭击民众之中所谓的'知识分子'。其中，人们在昏暗的放映厅坐上两三个小时，并在随后几个月讨论他们看过的影片[1]。"

时值 2010 年，我刚获得学位，夏季的热浪袭来，定向运动也悄然兴起。有人告诉我，伍迪·艾伦正在巴黎。一条不经意的短信将我引向自己的目标：艾伦正在亚力山大三世桥拍摄电影。天色已暗，人工降雨落在欧文·威尔逊[2]和蕾雅·赛杜[3]的身上。媒体报刊的记者们正聚集在那里，他们中的一位留意到我对伍迪·艾

---

[1] Woody Allen, *Pour en finir une bonne fois pour toutes avec laculture*, trad. Seuil, Michel Lebrun, collection《Points》, 2009.

[2] 欧文·威尔逊（Owen Wilson, 1968— ），美国演员、剧作家，曾出演《上海正午》（*Shanghai Noon*, 1999）。——译者

[3] 蕾雅·赛杜（Léa Seydoux, 1985— ），法国模特、演员，曾于 2012 年出演《碟中谍 4》（*Mission Impossible：Ghost Protocol*）。——译者

伦及其电影颇为痴迷，于是热情地告诉我一条内部消息：一个与导演近距离接触的见面地点。

日夜之外

之后的一天，我兜里揣着地址，如期赶赴那里。那位记者说的没错。在一家不大的古董店内，大师正身穿全套装束投入工作之中：长裤腰系皮带，鼻梁架着眼镜，头顶戴着圆帽。在电线、支架、器材和屏幕中间，导演正和自己的技术团队沟通，态度从容而专注。接着，他迈着有些人所谓的那种有气无力的步伐，走到自己的工作组并坐到前面，然后喊出那个神奇的字眼"开拍"。接着，他又继续道，"她没入戏""停""再来一次"。为了领悟电影大师的绝技，我没有忽略丝毫的细节。拍摄结束之后，我承认我们交谈了几句，或者干脆说是我咕哝了几句，正如《独家新闻》里面的人物桑德拉·普兰斯基（Sondra Pransky）那样。一个人如何能在几秒之内，向自己喜欢的导演说他对自己何等重要呢？

拍片结束之后，我像一枚火箭，直奔布里斯托尔酒店①，那里正是伍迪·艾伦下榻的地方。我托人转交给他一本我在大学最后一年撰写的论文，想要吸引他的注意。明显小贼一个！在论文的封面上有一个巨大的乳房，标题为《伍迪·艾伦的犬儒主义探析》。平淡无奇！我担心遭他鄙视。然而第二天，当我发现他的随行工作人员发给我一份邮件，希望我寄给他一本英文版论文时，我诧异得无以言表。伍迪·艾伦心存"好奇"要读我的论文。他会好奇读我的论文？为此我惊讶不已，正如《午夜巴黎》中的吉尔·彭德（Gil Pender）

---

① 布里斯托尔酒店（Le Bristol），位于巴黎市中心的豪华酒店，于1925年开业，内部装饰承袭了法国十八世纪的风格。——译者

（欧文·威尔逊饰）听到格特鲁德·斯泰因①（凯茜·贝茨②饰）答应看一眼他的手稿一样。这个故事的结尾如下：论文的部分章节译成了英语，在他带着《午夜巴黎》参加 2011 年戛纳电影节的时候，译稿放到了他所在酒店房间的门口，之后便杳无音信。译稿他究竟看到了吗？这其中的秘密至今也无人知晓……

> "在现代天文学家看来，空间是有限的。对于那些从来记不清东西放在何处的人来说，这种观点尤其令人欣慰。"
>
> 引自伍迪·艾伦《扭曲的命运》

时光荏苒，我内心比约见伍迪·艾伦更强烈的愿望，是弄清为何他的电影会对我产生如此强烈的冲击。我们之中很多人依然是艾伦的影迷吗？早在 1995 年，当我从电视上播放的《曼哈顿谋杀疑案》中看到他的那一刻起，这位导演就令我为之着迷。为何我与片中人物会发生强烈的自我认同？我那个年代出生的孩子，自然钟爱迪士尼动画片，但我却喜欢观看并感悟伍迪·艾伦的电影世界。

当然，还有他的长片、戏剧、散文。要理解这些作品，就必须同时开动头脑与心灵，因为艺术家从未将二者分开过。可笑、怀旧、悲观、神经、厌世、下流、不羁，甚至在洛郎·当迪厄③看来，他的作品还有些反现代的色彩。随着岁月的流逝，伍迪·艾伦承载了所有的标签。然而，他讲述的人物故事却成了寓言，甚

---

① 格特鲁德·斯泰因（Gertrude Stein, 1874—1946），美国作家与诗人，于 1903 年侨居法国，开办文艺沙龙，收集艺术品。——译者
② 凯茜·贝茨（Kathy Bates, 1948— ），美国女演员，曾于 1997 年出演《泰坦尼克号》。——译者
③ 洛郎·当迪厄（Laurent Dandrieu），法国资深影评人，著有《伍迪·艾伦：一个反现代主义者的肖像》（*Woody Allen, portrait d'un antimoderne*, 2010）。——译者

至成了对"僧袍不能让人变和尚"的诠释。为了反抗与肤色紧密相关的文化、身份及社会刻板形象，他的人物从反讽、幽默和戏谑中找到了反击的手段。他们并非觉醒后变得冷嘲热讽的男女，而是目光明锐、从全局来审视这个世界的人，不论在奇观还是恐怖面前，他们都同样毫不怯懦。这些人不仅明白死亡时人类所坠入的虚无，而且也知道死亡会导致胃酸升高。

在深入之前，有必要对现今人们赋予"犬儒"的意义予以审视，因为当前人们只看到了该词具有的消极特征。身为犬儒，自然趋于谨慎，并兼具怀疑主义与悲观主义的双重特征。当幻想既毫无意义，也毫不相关，不去希望太多，就不会失望太多。由于不愿引火上身，当代的犬儒便从平衡之中找到了匀和之道。他嘲讽人世的天真，却并非全情投入。高傲、冷淡、揶揄是这种性格的主要特征，忧郁中更多是气馁。然而，倘若从时间上追溯至古代，回到犬儒哲学诞生的年代，人们会发现这些反叛的灵魂积极投身社会浪潮，他们公开批评时政，摒弃社会陈规俗套。唯自由方是美德，这正是他们的诉求。他们挣脱所有的羁绊：道德、欲望、制服、工作、法律、神灵和面具。早期的犬儒与自然和睦相处，并满足于自然的馈赠，如果实、鲜花、土地与水源。也只有思想独立，方可激发这种情怀。这是一种简单、快乐而离群索居的生活方式。

"你不相信科学。你不相信政治体系会起作用。你也不相信上帝。"

露娜（戴安·基顿①饰）对迈尔斯·门罗（伍迪·艾伦

---

① 戴安·基顿（Diane Keaton, 1946— ），美国演员，曾出演《教父》（*God father*, 1972）以及多部伍迪·艾伦执导的影片，并因《安妮·霍尔》而获奥斯卡最佳女主角。——译者

饰）说（出自影片《傻瓜大闹科学城》）

此处所言的"现代"犬儒并非会像古代哲人那样牺牲一切，他们既不提倡苦行主义，也不弃绝物质与权力，更不倡导寄情于自然。他们之所以信奉这种哲学，这首先与其中的精神理念有关：颠覆、反讽、怀疑。显然，伍迪·艾伦跨于两界之间：一半古代，一半现代。借助犬儒主义，他可从智力、心理、道德甚至社会的不同层面达成这种默契。

从内容和形式上来看，《傻瓜大闹科学城》的末尾片断让我们对伍迪·艾伦的犬儒主义有所肯定，但其实这在他的影视作品中到处都有所表露。透过紧密的镜头，露娜（Luna）和迈尔斯（Miles）谈论着他们的信仰。这些正向镜头和反拍镜头在强调二人争论的同时，也凸显了二者的分歧。针对提问："那么你到底相信什么？"迈尔斯的回答尤其简单："性与死亡，这两样东西我一生之中只有一次。"民主？是个圈套。科学？纯属偶然。世人？各个奸猾。上帝？智慧至上，"不过在新泽西却没有落脚的地方"。迈尔斯立场鲜明，将观点公之于众对他并无害处，亦如古代犬儒与柏拉图学派所做的那样。对于其中的逻辑价值，他留给逻辑学家去解决。对于这类人的轻信、虚伪与奸诈，他更是拍腿叫绝。毋庸置疑，异化艾伦及其片中人物的唯一事物，是他们强烈的怀旧情绪。在界定怀旧与包法利主义（艾伦视之为抑郁的代名词）时，犬儒主义赢了，精神分析输了。

委婉说来，伍迪·艾伦是一位脑力劳动者。他深谙个人境遇、世道冷暖、社会运作方式、时代的堕落与诱惑、达尔文主义法则以及人类自相残杀的生存现状。为了不让个人论断使自己陷入抑郁的境地，伍迪·艾伦饱读从古至今所有伟大思想家（作家、哲学家、剧作家与诗人）的作品。通过这些阅读，他得以抵抗时间的冲击；通过精神分析，他可以探求梦境、欲望与冲动的机制，并深化对自我的认识。如果他的作品让我们陷入对其头脑、内心、回忆与思想的沉思之中，这全然不足为怪。这些都是敏感而隐秘的角落。死亡的焦虑、生活的意义、幻觉、失望，全都融汇在艾伦的平衡体系之列。在他的职业生涯中，导演不仅通过电影表达个人固化或动态的感受（熟练运用跟踪摄影术）、回忆（闪回）和情绪（受爵士乐影响），而且也再现出存在于人物身上使他们偏离中心的情感差距。

不论是苏格拉底（Socrate）、第欧根尼（Diogène）、柏拉图（Platon），还是康德（Kant）、尼采（Nietzsche）、克尔恺郭尔（Kierkegaard）、萨特（Sartre）、帕斯卡（Pascal），这些哲学家都对这位电影人产生了影响，而他的影视作品中也到处回响着他们的话语、理论、反理论以及寓言。不论是在言语、身体上，还是在相貌上，伍迪·艾伦与这些犬儒都有诸多共同之处。他们不修边幅、不穿制服、对愚昧毫不容情、性生活方式不合规约（《曼哈顿谋杀疑案》）甚至遭人指责（《性爱宝典》）、与众不同的信仰、抵御噪音与肉体需求、否认全能的上帝、信奉个人主义……由于明眼之人往往被视为疯子或不会变通，伍迪·艾伦便在银幕上大肆利用这种世俗看法，并觅得反讽作为应对烦躁与不安的理想基调。作为议论、叙事与戏剧形式，反讽由此将艾伦与他人区分开来。以不同修辞手段作为表现形式，比如曲言、夸张或反语，反讽由此成为伍迪·艾伦艺术表达的主要特征以及他的斗争工具。

在他步入成年并获得自由之后，工作就成了他的天然避难所（报刊、电视、餐厅、戏剧和电影）。这份工作简直为他量身定制，但他的母亲却大为不快，因为她希望儿子成为一名医生、律师或运动员（他在棒球上表现出色）。他从笑星（幽默串烧、脱口秀）起步，继而当过导演、编剧，后来又当演员，逐步实现了多个角色之间的转变。自二十世纪七十年代起，伍迪·艾伦在银幕上成为自己的主人，这在当时来看的确步伐很快，而他也由此摆脱了电影公司的束缚。独立之后，他就可以实现个人的诉求。通过移情与投射，他本人的痛苦和言语，由此演变成他所塑造的人物的痛苦和言语。艺术家与他塑造的人物格外关注精神运作的方式，同时也深入探究意识的不同层面。正如古代的第欧根尼（哈利·布洛克、大卫·多贝尔都算是他的继承人），艾伦搅乱了自己的时代。但他捣乱是为了质疑。为何？如何？何处？何时？像个讨厌的孩子，他总是不停地发问。

"我厌恶现实，但现实是可以供应一块上等牛排的唯一地方。"

伍迪·艾伦

伍迪·艾伦到底是何人？他的艺术如何揭示并推动他的人生？他如此钟情哲学，这对他的电影又有何影响？在几个小时的自言自语、数千米长的胶片以及多年的精神分析之后，也该是澄清的时候了。由此，本书的主旨基本如下：以研究主题和精神分析为手段，通过确切的年代顺序探讨艺术家的生平，来阐释他的影片（以及真实素材）对此做出的回应，也即艾伦从影片《呆头鹅》至《非理之人》不断发展的犬儒主义。本书可谓是一场盛会，诚邀读者去观看或重温这位多面导演的作品。这场盛会的日期正好是2015年12月1日，适逢伍迪·艾伦八十岁生日。在影片《怎样都行》中，鲍里斯·叶利尼科夫（Boris Yellnikoff）气愤地说生日是"向坟墓更近了一步"，并且每天洗手时都唱"祝你生日快乐"，以除去手上的微生物。2015年8月，导演向法国《地铁报》（Metro）宣称："我宁愿到时过生日睡着不动，因为如果庆祝生日的话，我感觉像是在自己的坟墓上跳舞。"谁又能说，伍迪·艾伦仅是可笑而已？

　　"如果我不睡上六百年，我会整天唠叨个没完。"
　　迈尔斯·门罗（伍迪·艾伦饰）（出自影片《傻瓜大闹科学城》）

前　言

　　"我所有的作品基本上都带有自传性，不过在经过夸张、变形之后，看起来倒更像是虚构故事①。"

伍迪·艾伦

　　我们可以从多个角度认识伍迪·艾伦，不论是从他的恋情、才识、体貌，还是从他所处的地理位置（纽约、伦敦、巴黎、巴塞罗那、旧金山）。他的作品尤其丰富，其中的四十多部电影大玩个人自传条款的真假游戏。然而，其中的（文艺）原则却十分简单，对此菲利普·勒热纳②归纳如下：作者直接了当地向观众讲述着自己的人生或其中的片段，本着揭示真相的精神，没有丝毫的矫饰。如果伍迪·艾伦在片中出演角色，并谈论个人成长以及他

---

① Eric Lax, *Entretiens avec Woody Allen*, Plon, 2007, p. 22.
② 菲利普·勒热纳（Philippe Lejeune, 1938—　），法国大学教授与传记研究学者，于 1992 年在巴黎发起成立"人物自传与自传遗产协会"（L'Association pour l'autobiographie et le patrimoine autobiographique）。——译者

与女性、沙发、上帝、性爱、死亡、格什温①、科尔·波特②、瓦格纳③、波兰甚至他与存在主义和宗教的关系，虚构最终都会重占优势，自传条款也只是遵守一半而已。作为多次被提名并获奖的幻影大师，伍迪·艾伦喜欢将现实与个人想象或投射的现实加以映照——《曼哈顿》的开场就是最好的例证，由此邀请观众进入他的内心世界，对于喜欢互动和亲密接触的观众来说，这可谓是一种持续的召唤。

融合与混杂

若说第欧根尼喜欢漫步于城邦，并询问同胞的本性和境遇，那么在这种漫步之外，他其实过着隐士的生活——正如传说所言，他曾以一个木桶为家。受虚构的框架制约（谨慎起见），伍迪·艾伦同样限定了自己的私人空间。此外，在 1989 年推出的中篇故事《俄狄浦斯的烦恼》（《纽约故事》三部曲之一）中，我们也可以管窥那种目睹个人生活被他人（主要是他的母亲）公之于众并惨遭玷污和扭曲的恐惧。尽管身为主要叙述者，他却放弃讲述自己的人生；身为全知叙述者，他扭曲现实和个人感知直至二者混为一体。于是，该片就成了作者的自我创作与导演投射在银幕上的双重虚构（一位神经质的纽约知识分子，消失在演出服装与大千世界之中），而这本身就成为了主题。这种双重虚构可以让艾伦在虚拟世界中实现他少年时代的夙愿，化身作家（《曼哈顿》）、魔术师

---

① 格什温（George Gershwin，1898—1937），美国著名作曲家，创作过大量流行歌曲和数十部音乐剧，于 1924 年创作《蓝色狂想曲》（*Rhapsody in Blue*）。——译者
② 科尔·波特（Cole Porter，1891—1964），美国音乐家，创作了大量的音乐剧和流行歌曲，其中有名曲《夜与日》（*Night and Day*）、《我凝视你》（*I Concentrate on You*）等。——译者
③ 瓦格纳（Wilhelm Richard Wagner，1813—1883），德国作曲家，著名古典音乐大师。——译者

（《独家新闻》）、发明家（《仲夏夜绮梦》）、共产主义革命分子（《香蕉》）、银行抢劫犯（《业余小偷》），总之，就是成为一条变色龙（《西力传》）。还有什么比这更刺激吗？

回忆在《安妮·霍尔》中发挥的作用，自传内容在《无线电时代》中的效果，偶像及其灵感在《开罗紫玫瑰》或《内心深处》中占据的位置，这正是构成伍迪·艾伦电影的核心元素，而影片在带有自传性的同时，也兼具浪漫色彩。其实，导演在通过电影讲述个人故事时（他笑言这是一种有人付钱给他的治疗），明显带有刻意选择的倾向，由此在叙述中主动留下空白，以便我们的想象可以驰骋在他钟情的这片原野上。作为公众人物，正是他具有的双重性格编织了自己的传奇：一个羞涩却抛头露脸的男人，一个奋力抗争的胆小鬼，一个忧郁的丑角，一个外表洒脱但内心焦虑的人，一个笨手拙脚的情圣。在他身上，艾伦汇集了所有的矛盾。

对于那些令自己不安的惊厥与颤栗，他在影片《安妮·霍尔》中赋予它们一种（假想的）意义：他为自己扮演的角色艾维·辛格（Alvy Singer）的神经症人格加以辩护，因为主人公曾生活在一栋建在过山车下面的房子里，甚至在他喝汤时都很难不四处扬洒。

理论上而言，无论是从他的家庭教育，还是社会与学校环境，伍迪·艾伦都并非命中注定会成为一名导演。尽管他的犹太父母信奉上帝，艾伦对一神教却不太认同，而尤为推崇雷诺阿[①]、奥菲尔斯[②]、伯格曼[③]与费里尼[④]。这些艺术家带给他前所未有的感官

---

① 让·雷诺阿（Jean Renoir，1894—1979），法国著名电影导演，代表作有《大幻影》（La grande illusion，1937）、《游戏规则》（La Règle du jeu，1939）。——译者
② 马克斯·奥菲尔斯（Max Ophüls，1902—1957），德裔法国电影导演，代表作有《轮舞》（La Ronde，1950）。——译者
③ 英格玛·伯格曼（Ingmar Bergman，1918—2007），著名瑞典导演，代表作有《欲望岛》（Skepptill Indialand，1949）、《不良少女莫妮卡》（Sommaren med Monika，1953）等。——译者
④ 费德里科·费里尼（Federico Fellini，1920—1993），意大利著名电影导演、演员及作家，代表作有《甜蜜的生活》（La Dolce Vita，1960）和《八部半》（8½，1963）。——译者

体验，也正是透过这些模范人物，他渴望投身电影行业，并将头脑中的激流投射到银幕之上。同学的嘲笑、相貌的奇特、命运与境遇（终有一死）的沉重，身为犹太人的伍迪·艾伦找到了应对这一切的手段。诚然，也只有从行动中申张自己的权利。在反对无知上，没有什么比光明更为有效；在反对蒙昧主义时，他以文化和哲学作为反抗的利器；在反抗沉默和压迫时，他以辛辣的言辞积极呼吁，正如影片《爱与死》所示。正是在这种体系之上，善言的伍迪·艾伦构建了个人电影作品的基础。他的影片抨击社会偏见、大众道德观念以及恐怖政权下思想的趋同。就哲学和思想而论，可以说导演已经与犬儒主义举行了"宗教联姻"，尽管他本人始终自诩不属于任何派别。

"既然人要死，他就永远不会自在。"

伍迪·艾伦

"狗吃狗毫无意义的黑色混沌①"

自步入发问年龄之后，伍迪·艾伦所要揭露的正是那些冒牌的预言家、自我吹捧的知识分子以及大众意识形态的危险。当那些引导者都来贬低他时，他如何去理解自己生活的这个世界？当他内心只有蔑视与敌意，他又如何去爱自己的近邻？由于伍迪·艾伦深知人类（为恶）的能力，所以他倾力疾呼，目光敏锐、态

---

① 此句出自《怎样都行》中的人物鲍里斯·叶利尼科夫，其法语译文为"cruel et somber chaos"，略去了句中的"狗"，故与人物的原话有所不同。需要注意的是，狗也正是犬儒主义哲学的象征。——译者

度傲慢。对于反犹太主义者，他冷嘲热讽；对于警察，他拒不服从；对于傻瓜，他大谈陀思妥耶夫斯基①。对于民主、宗教、婚姻与家庭，他从不卷入类似幻想之中，而是将影片置于城市地带，借此向同道中人传达自己的信息。"为了尽最大可能吸引最多的人，第欧根尼出入公众场合，走遍大街小巷，光顾酒馆，持票步入竞技场，漫步乡间，或徘徊于城邦边界。对第欧根尼来说，没有什么比禁止个人言论、保留个人意见或在与人接触之前就实施精英主义更为奇怪②。"艾伦的主角也是如此，他们将城市视为游戏空间与言论传播站；他们步入场景，大放厥词，寻觅侧耳之人，同时也避免被当作怪胎或叛逆之人。

　　阿尔贝·加缪③曾说："人是唯一拒绝做自己的生物。"在集体想象中，最杰出的犬儒代表无疑是第欧根尼，他是安提西尼④学派中最不受管束的学生。一位下士，藐视城邦的成规戒律；一位贤哲，人们视之为居无定所的疯子；一个男人，对别人说他们所属的物种如何失败。如今，"从心理上来说，现在的犬儒可以将自己当作抑郁的边框，由此最终控制了个人的抑郁症状⑤……"人们或许认为这些话是专为伍迪·艾伦而写，因为他俨然已化身犬儒

---

① 费奥多尔·陀思妥耶夫斯基（Fiodor Dostoïevski，1821—1881），俄国作家，著有《罪与罚》、《卡拉马佐夫兄弟》等。——译者

② Michel Onfray, *Cynismes. Portrait du philosophe en chien*, Grasset et Fasquelle, 1990, p. 88.

③ 阿尔贝·加缪（Albert Camus，1913—1960），生于阿尔及利亚的法国作家，著有小说《局外人》（*L'Etranger*，1942）、《鼠疫》（*La Peste*，1947）等，1957年获诺贝尔文学奖。——译者

④ 安提西尼（Antisthène，前445—前365），古希腊哲学家，苏格拉底的学生，犬儒学派早期创始人；主张弃绝财富，重返自然，提倡俭朴生活，反对享乐。——译者

⑤ Peter Sloterdijk, *Critique de la raison cynique*, Suhrkamp Verlag, 1983, tr. fr. Christian Bourgois, 1987, p. 27.

（他的人生和作品带有犬儒的标记），并对自己时代的正统观念、社会常态以及政治偏差嗤之以鼻。在《怎样都行》中，鲍里斯·叶利尼科夫说："民主、民治政府，这些理念很美好，但这些理念都有一个致命缺陷，就是它们都基于一个错误的观念，认为人基本上是正直的。"对此，伍迪·艾伦坦言："我不太看好这种体制。我认为人类生活最显著的特征，就是人对人的非人做法。如果从远处来看，这就好比外星人从太空观察我们，我想你也有这种感觉。我认为他们绝不会对我们的艺术成就发出赞叹。我想他们必定会对人世的杀戮和愚蠢诧异万分①。"

"不！不要关放映机！否则一切将陷入黑暗，我们也会消失。"

亨利（爱德华·赫尔曼②饰）（出自影片《开罗紫玫瑰》）

流血的真相

"你总是看到人最坏的一面。"

艾维·辛格的母亲边削胡萝卜边说（出自影片《安妮·霍尔》）

由于处于不同影片风格与基调的交汇点，艾伦叙述的故事始终对违规、冲突和矛盾加以反思。若将他划入犬儒主义流派，在以白种盎格鲁-撒克逊新教（WASP）为主的社会中，他的犹太身

---

① Eric Lax, *Entretiens avec Woody Allen*, op. cit., p. 101.
② 爱德华·赫尔曼（Edward Hermann，1943—2014），美国男演员，曾出演百老汇舞台剧《华伦夫人的职业》（*Mrs. Warren's Profession*，1976）和《华尔街之狼》（*The Wolf of Wall Street*，2013）等片。——译者

份就在两种文化、两种体貌、两种对抗中划出了明晰的界限。正如第欧根尼敢于冒犯亚历山大那样的人物，艾伦同样敢于直面身高一米六五以上的金发美国人。因此，导演作品中的犬儒主义，就体现在对强权和上级压迫势力的反抗上，为此就要竭尽所有气力付诸于言语之中。在赛场内，拳击手戴手套展开进攻，伍迪·艾伦则通过反讽、揶揄、藐视以及诸多修辞手段来获得上勾拳的效力。对于生活中经历的那些痛苦，也只有借助艺术、美丽与创造才能将其击退。在他的影视作品中，艾伦还高度赞扬了电影的抚慰功效：

> "我的想像力尤其亢奋，思绪总是跳来跳去。"
> 艾维·辛格（伍迪·艾伦饰）（出自影片《安妮·霍尔》）

得益于传统（犹太人和纽约人身份）与哲学（首任妻子培养了他对康德的兴趣）的融合，艾伦的作品不断向自我发问并给出回答，而出现最多的正是如下名句："我在这里做什么？"面对人生的荒诞，身为男性和艺术家的伍迪·艾伦毫不示弱，这就需要（重新）回归到言语上来。因为言语都有深意，而欢笑则难以表达。艾伦对言语大加利用，并将它作为不可剥夺的权力四处扬威。童年时代的他，既不遵守规则，也不喜欢上课。然而，他对语法、句法和语言的使用方法却掌握得尤为牢固。对于人世荒唐的过早认识，自然就使他成为一个令人费解的孩子。然而，更让周围人吃惊的，是他言语的内容：死亡、性、宇宙膨胀、否认创世论等。他的想法、论点、立场不仅让气氛变得紧张，而且也令父母、老师和神职人员为之不安，因为这个倔强而抑郁的男孩让他们甚为尴尬：

"我一直认为班上的同学都是白痴。"

艾维·辛格（伍迪·艾伦饰）（出自影片《安妮·霍尔》）

《性爱宝典》的开头片段似乎是对那个困难年代的直接回应，当时伍迪·艾伦的幽默也并未达到炉火纯青的地步。身为国王的小丑，他竭尽所能取悦沉醉的宫廷看客，但他有关瘟疫和农业税的笑话却没有让听众发笑。更糟糕的是，这些笑话也没让国王发笑。国王咒骂道："我无能为力，这一点也不可笑。"说着将盘中吃剩的饭菜扔向小丑。这种暴行让我们想到伍迪·艾伦的母亲（连续扇他耳光）以及他的有些老师，而后者手持教鞭在体罚他时也毫不犹豫。然而，体罚的威胁并未让这位年轻的笑星消沉，相反这却令他更加坚强，同时在追求个人梦想时也更加执着。对此，伍迪·艾伦甚为满意，因为他可以在舞台和银幕上保持本色：一位自由的思想家，但不少人认为他不仅令人厌烦，而且精神失常。

"人即使再聪明，也始终会做傻事，但反过来就完全不可能。"

伍迪·艾伦

在追求爱情、狂欢、幸福或真理时，所有艾伦式人物都追着一个人或一件事在跑。为达到目的他们采取的手段尽管有所不同，但他们都有一个绝对的目标：自由。他们如何实现这个目标？与社会专制展开斗争，断绝言语与意义的共谋关系，重申"上帝已死"，冲破道德束缚，行动起来而非苟活于世。伍迪·艾伦坦言要讲"真相"并宣称："我并不愤世嫉俗，也远非一名艺术家。我只是一个幸运的劳动者①。"作为一个讲真相的人，难道他认为运气是这个复杂等式的唯一解释，而他本人则是其中的未知数？诚然，导演既不是社会底层的犬儒主义者，也不是性情冷漠、牢骚满腹且惯于对抗的说教者。正是对真相的迷恋，激发着他所有作品的创作，而他的追求也不可避免地导致简化思维、偏见、教条与边界的垮塌。最后，真正重要的是"一切顺利，且无人受害"，正如鲍里斯·叶利尼科夫的格言所说。面对混沌之象，不是有体系地对它进行反抗，而是要有策略地组织反文化运动（针对主流文化采取反叛立场）。显然，伍迪·艾伦正是这种反文化运动的象征之一。

　　"别把我当回事。对我而言，就是要逾越所有的限制，以便让你发笑②。"

---

① Eric Lax, *Entretiens avec Woody Allen*, op. cit., p. 119.
② Ibid., p. 80. 此处伍迪·艾伦在谈论观众与马克斯兄弟之间心照不宣的密约。

第 *1* 章

纽约犹太故事

"我犯过很多错误，而我的出生就是第一个错误。"

伍迪·艾伦

　　出生在罗斯福执政的时代，艾伦·斯图尔特·康尼斯堡（Allen Stewart Konigsberg）呱呱坠地时，正值罗斯福"新政"实施期间。当时，美国刚从 1929 年股市暴跌中复元，社会经济条件十分艰苦，失业还尚未彻底消除。他的父亲马丁·康尼斯堡（Martin Konigsberg）做过多种职业（服务员、出租车司机、首饰匠），他的母亲内蒂（Nettie）则是曼哈顿一家花店的收银员。这对工薪阶层的夫妇于 1935 年 12 月 1 日有了第一个孩子。1943 年，艾伦的妹妹莱蒂（Letty）出生。在艾伦化身伍迪之后，家庭百态曾被他多次搬上银幕，这在《傻瓜入狱记》《安妮·霍尔》《无线电时代》和《解构哈利》都有所体现：犹太、善言、共产、嘈杂、臃肿、人多、脆弱、高尚……

　　在谈到《汉娜姐妹》时，伍迪·艾伦评论道："我根据自己的经历尽力客观地描述现实……在描绘我成长环境中的犹太家庭时，我会准确地加以描述，其中既有正面特征也有负面特征。此外，我也遭到犹太社区的强烈批评，他们认为我过于苛刻、贬损和挑剔……但对我来说，唯一重要的是场景的真实性①。"他将个人回忆压缩在拥挤的公寓（其中充斥着各种颜色、东西和物件），掺杂着收音机（大部分时间开着）的声响，棒球比赛频道中还播报着路易斯·普里马②的获奖新闻。他最美好的少年时光与电影密切相关。他对电影如此着迷，以至于他会看得目不转睛。"在夏天，其他孩子的父母会说：'去户外玩吧！去太阳底下玩吧！要多运动！去游泳吧……'而我向来讨厌夏天，讨厌暑热，讨厌阳光。所以，我就经常躲入影院有空调的放映厅。有时，我一周去电影院四次、五次或六次……我非常喜欢看电影③。"

"布鲁克林没在膨胀④！"

"我们要始终记住，为了劝自己活下去，我们在出生时需要很多的爱。一旦我们得到那份爱之后，这种爱自然会持续下去。但世界是个凄凉的地方，我们用情感去填补这个世界。然而在有些条件下，我们会感觉这完全不值⑤。"

伍迪·艾伦在布鲁克林长大。这是个机灵的孩子，颇有运动

① Stig Björkman，Woody Allen，*Entretiens avec Stig Björkman*，Éditions des Cahiers du cinéma，2002，p. 54.
② 路易斯·普里马（Louis Prima，1910—1978），美国著名歌星、演员。——译者
③ Stig Björkman，Woody Allen，*Entretiens avec Stig Björkman*，Éditions des Cahiers du cinéma，2002，p. 13.
④ 此言出自《安妮·霍尔》中艾维·辛格的母亲（琼·纽曼饰）。
⑤ 伍迪·艾伦，*L'erreur est humaine*（《乱象丛生》），trad. Nicolas Richard，Flammarion，collection《Littérature étrangère》，2007.

天赋，自然就被街上的娱乐活动吸引，从扑克牌到球类运动应有尽有。他的母亲有些专断，她希望儿子学习法律；他与父亲十分投缘，正如他对埃里克·拉克斯[1]所言："我和他可以聊棒球、匪徒以及我感兴趣的所有东西[2]。"若说艾伦不缺关心，他无疑缺少母爱。这位威严的母亲（在艾伦影片中反复出现）从不真正对儿子表露母爱，这与犹太母亲疼爱孩子的形象完全相悖。艾伦的妹妹莱蒂也未受到过多宠爱。对于孩子，她没有默契，没有温柔，没有嘉奖，没有鼓励，只有明确而严厉的家规。艾伦从很早就明白母亲对他并不满意，至少从她对儿子抱有的期望来说是这样。他每周拿给母亲的那些平淡无奇的记分册，就充分凸显了这种失望。

> "根本没法教人写作，因为这不是可以教会的东西。只能让学生接触优秀的文学作品，并希望他们从中有所启发。那些会写的人到我班上的时候就会写作，而其他的人永远也学不会。"
>
> 文学教授盖布（伍迪·艾伦饰）（出自影片《丈夫与妻子》）

艾伦对学校尤为不满，老师对他的作业给的评语很差。他的游手好闲和不学无术经常受到处分。与黑板上老师用粉笔讲述的那些知识相比，艾伦更喜欢窗外生动的景象——步伐奇怪的行人、被警察追捕的贼犯、争吵的夫妻、街头上演的金拉米[3]纸牌游戏。他对游戏十分在行，并会在其他所有人说"是"时说"不"，这不

---

[1] 埃里克·拉克斯（Eric Lax），美国传记作家，著有《伍迪·艾伦访谈录》（2009）和《中断的信仰》（2010）。——译者
[2] Eric Lax, *Entretiens avec Woody Allen*, op. cit., p. 57.
[3] 金拉米（gin rummy），一种两人玩的纸牌游戏，通过计算得分来决定输赢。——译者

仅招大人反感，也让他们对这个刺头不知所措。在影片《安妮·霍尔》中，伍迪·艾伦彰显了他对小学的厌恶。影片讲述了主人公艾维·辛格的童年生活画面。艾维的母亲对家庭医生说："他不做家庭作业！"对此，小艾维反驳道："这有什么用？"他还向医生解释说完成作业毫无意义，因为宇宙在膨胀："如果宇宙在膨胀，总有一天它会爆炸，那时一切都会结束。"对于一个七岁的男孩而言，这种争论过于成熟，但他担心黑洞会不可避免地将自己吞噬："如果自我既不存在于肉体，也不存在于灵魂，那么它到底在哪里？"这种帕斯卡①式的问题显然已经令童年的艾伦心神不宁。

"人出生后即便不犯罪，也依然会被判死刑。"

斯坦利·克劳福德（科林·费尔斯②饰）（出自影片《魔力月光》）

当他意识到人终有一死后，没有什么对他而言真正具有意义。那时，他才七岁，身高一米二，怀厌世情绪。他并非否认人类的不幸，而是寻找（更好地）生活下去的途径：游玩、欢笑、读书、听音乐、看电影，这一切不仅带给他生活的乐趣，而且也让他暂时忘却死亡。在《安妮·霍尔》中，艾伦讲述了娱乐在他的少年时代占据的重要地位。与自己的同学相反，他从五岁起就获许出入昏暗的放映厅，这通常由姨妈带他去："我在所谓的电影黄金时代长大，那时推出了很多的优秀影片。我依然记得《卡萨布兰卡》

---

① 布莱士·帕斯卡（Blaise Pascal，1623—1662），法国数学家、物理学家、哲学家。——译者
② 科林·费尔斯（Colin Firth，1960—　），英国演员，曾出演 BBC 电视剧《傲慢与偏见》（*Pride and Prejudice*，1995）以及《单身男子》（*A Single Man*，2009）、《国王的演讲》（*The King's Speech*，2010）等影片。——译者

和《胜利之歌》放映的情景……以及普雷斯顿·斯特奇斯①、弗兰克·卡普拉②执导的影片。一有机会，我就跑去看电影以逃避现实。我可以忘记自己生活的破屋子，以及在学校遇到的各种麻烦③。"

阿蒂·肖④和平·克劳斯贝⑤的风行全美，公众对电影以及詹姆斯·卡格尼⑥、亨弗莱·鲍嘉⑦和弗雷德·阿斯泰尔⑧等巨星的追捧；体育运动尤其是拳击和棒球的流行；去海边和长岛观看在天空翱翔的飞机，或者到曼哈顿、现代艺术博物馆、基希纳美术馆（尤其是诺尔德展厅）观看展出。尽管在物质上很贫乏，但艾伦的童年在文化上却很富足："我以前住在布鲁克林一个普通的街区，我家的房子尽管很破，但周围却有十来家影院，其中有时尚（Vogue）、领先（Leader）、肯特（Kent）和米德伍德（Midwood）等影院。一切都显得那么豪华，镀金的大厅、地毯、喷泉以及身

---

① 普雷斯顿·斯特奇斯（Preston Sturges, 1898—1959），美国导演，主要作品有《江湖异人传》（*The Great McGinty*, 1940）、《夏娃女士》（*The Lady Eve*, 1941）。——译者

② 弗兰克·卡普拉（Frank Capra, 1897—1991），意大利著名导演，叱咤好莱坞影坛多年，主要作品有《一夜风流》（*It Happened One Night*, 1934）、《风云人物》（*It's a Wonderful Life*, 1946）。——译者

③ Stig Björkman, Woody Allen, *Entretiens avec Stig Björkman*, op. cit., p. 58.

④ 阿蒂·肖（Artie Shaw, 1910—2004），本名亚瑟·雅各·阿尔肖斯基（Arthur Jacob Arshawsky），美国作曲家、乐队指挥。——译者

⑤ 平·克劳斯贝（Bing Crosby, 1903—1977），美国歌星、笑星、影星，代表作有《与我同行》（*Going My Way*, 1944）、《乡村姑娘》（*The Country Girl*, 1954）等。——译者

⑥ 詹姆斯·卡格尼（James Cagney, 1899—1986），美国影星，曾出演《胜利之歌》（*Yankee Doodle Dandy*, 1942）等。——译者

⑦ 亨弗莱·鲍嘉（Humphrey Bogart, 1899—1957），美国影星，代表作有《卡萨布兰卡》（*Casablanca*, 1942）、《非洲女王号》（*The African Queen*, 1951）等。——译者

⑧ 弗雷德·阿斯泰尔（Fred Astaire, 1899—1987），美国演员、舞蹈家、编舞、歌手，曾出演《狗王擒贼王》（*The Amazing Dobermans*, 1967）。——译者

穿制服的引座员①。"于是，现实与超现实之间很快就建立了二元区分，而艾伦与（各种形式的）表演自然就达成了一种默契。"当时，人们说看电影会损害视力……我的父母从来没有为此担心过，所以也没有逼我做其他的事情②。"不过，课后作业除外。

他没有多少朋友，但有几个十分可靠。他与妹妹和几位姨姑的关系很近。在家庭环境里，他可以听到德语、英语、意第绪语、俄语和希伯来语（为怀念亲爱的祖父，母亲坚持让他学的）。在每天接受这些语言、声调和口音的洗礼下，他的耳朵对它们的音乐性变得尤为敏感。在《曼哈顿》中，就可以发现这种对于语言的焦虑。艾萨克·戴维斯针对唱片小贩向他推销瓦格纳时，将"瓦（W）"说成"法（F）"而发牢骚，无意揭示了听者内心的忿恨。在名义上艾伦是犹太人，但若说他接受过犹太男孩成人礼（不要忘记他在前一天还在影院观看了《卡农城》），他也知道大人让他默记的那些祈祷从来没有得到应答。在《怎样都行》中，鲍里斯一手捧《圣经》，另一手拿酒杯，向玛丽埃塔·塞莱斯廷（Marietta Celestine）说，回应的是"每个礼拜天你在铁盒中放的金钱"。由于他所处人群的祈祷语言让他不解，艾伦从来不愿浪费时间在祷告、说教和宗教情感上，而是更乐意将时间花在新的价值观念上，正如他驾驭娴熟的幽默与反讽上。

快乐的知识

"当时正值二战，我约莫六七岁。他带我从布鲁克林上火

---

① 引自 Laurent Rigoulet 于 2002 年 5 月 15 日为杂志《电视剧》（*Télérama*）对伍迪·艾伦做的访谈录。

② Stig Björkman, Woody Allen, *Entretiens avec Stig Björkman*, op. cit., p. 13.

车……然后我们乘到纽约。我先去自动售货餐厅，后去圆环魔法商店①，在商店下面有一个很大的游乐场。我们还去第 42 街的游乐场，父亲喜欢在那里玩卡宾枪射击②。"那种无忧无虑、天真烂漫的日子的确过于短暂。那个年代到处充斥着暴力，艾伦从小就有了个体意识。不过，他从来都是个替罪羊。为了消除他的噩梦，父母在他的卧室里放了个电唱机。"在我八岁的时候，妹妹出生了。我记得自己的那台电唱机年代要更早些，我还记得 1941—1942 年战争期间有很多反德唱片③。"

　　　"我认为人生分可怕的和可悲的两类。"
　　　艾维·辛格（伍迪·艾伦饰）（出自影片《安妮·霍尔》）

　　在二战结束时，艾伦已经九岁。对于这场战争，他从广播和电视新闻听到的报道都是灰色的。数字、死亡、毒气杀害的犹太人、引爆的原子弹，这太"可怕！"正如鲍里斯·叶利尼科夫引用小说《黑暗的心》中库尔兹（Kurtz）的原话那样。对此，伍迪·艾伦向埃里克·拉克斯吐露了个人幻想过早逐步破灭的事实："我的母亲总是说，我以前是个活泼的小男孩。但在五岁左右，不知是什么事让我脾气变得乖戾④。"到底是什么事？无疑是对死亡的认识。尽管他很早就患有近视，艾伦却从来以它本来的面目来认识这个世界，其中充斥着溃败与人世的冷漠，而且他几年后还补充说："这个世界上周日连个水暖工也找不到。"与理想主义者相

① 圆环魔法商店（Circle Magic Shop），位于纽约百老汇大街 1661 号上的一家商店，内部屋顶为拱廊设计，1943—1976 年之间由迈克·坦恩经营。——译者
② Eric Lax, *Entretiens avec Woody Allen*, op. cit., p.54.
③ Ibid., p.57.
④ Ibid., p.31.

反，他看到的不只是真、善、美，对于伪善、虚假或谬误，他会毫不犹豫地指正，并往往借讽刺（贬损行为）与平庸的头脑展开斗争，而他在这方面很有天赋。

"幽默非常复杂，很难就此得出普遍的结论。我想这就好比一盘象棋或者一场棒球比赛，一场脱口秀由成千上万有意识或无意识的心理细节构成。如果什么东西让你发笑，那它一定很可笑①。"

"在父母看来是好的东西也未必如此：太阳、牛奶、红肉、中学。"艾维·辛格如此说道，他深信基于教育体系的那些价值观念只会适得其反。和艾维一样，艾伦也被归入笨蛋、无赖、放肆甚至下流的行列——他偷吻班上的小女孩，对方吓得在教室里放声大叫。与周围成年人（被动而做作）完全不同，艾伦很早就选择不去回避问题，而是从座位上站起来发言，所采取的策略（反驳）在同龄学生中实属少见。对此，他风趣地回忆道："在初二的时候，我就知道如何自如地写笑话，我还援引弗洛伊德和性理论。尽管不知道其中具体的含义，但还是模糊地知道如何加以正确使用。老师们读过我的习作后，他们会告诉其他老师，结果所有人都读我的习作，而且还把我指给别人认识。"

"使用文字游戏、幽默或反讽，这也从来不意味其中的方法或途径有什么不同，其实质都在于言语之中。②"

---

① Eric Lax, *Entretiens avec Woody Allen*, op. cit., p. 83.
② Michel Onfray, *Cynismes. Portrait du philosophe en chien*, op. cit., p. 88.

　　艾伦并非单纯要滋生事端。他不只是找个妙语博人一笑，而是这个词语定要准确，并发挥出它应有的价值。通过与过去、现在与未来不同时代人群的冲突、争论和交锋，他始终借助矛盾彰显反讽的效果。他抗议，他嘲笑，他质疑；他揭开人世的荒诞并昭之于众。从父母、学校和宗教那里接受的教育，首先成为他揶揄的对象。在《星尘往事》中，片中人物桑迪（Sandy）如此讽刺道："不，不！我在大学什么也没有学到，是他们在学习我。"这句反讽具有两层意思，其中桑迪同时是句子的主语和宾语。不过，对于日趋衰退的师资水平和令人失望的培养机制，要数艾维·辛格的嘲讽最为辛辣："我还记得学校的那些教员。当时我们有这样的说法：'那些不会干事的去教书，而那些不会教书的去教体育。'当然，那些什么都不会干的就分配到了我们学校。"在这些言语以画外音形式切入时，摄像机追溯了艾维的回忆：黑板、老师、教室以及头发梳得整齐的脑袋。在这种不利的艰苦环境中，艾维和艾伦都不会泰然处之而毫无怨言。

　　　　"有人信奉共产主义，有人信仰上帝，有人相信精神分
　　析，不过人最终的归宿还是坟墓①。"

伍迪·艾伦

　　艾伦基本上属于自学成才，全然没有家庭教师和正规教材的帮助："我受的教育涉猎十分广泛。我读过一点哲学、一些历史和不少小说，也读过其他东西……我起初感兴趣的是美国小说，读

---

① Woody Allen 接受 Serge Kaganski 专访，见于 2014 年 10 月 27 日《摇滚时代》
（*Les Inrocks*）杂志。

过海明威、福克纳、斯坦贝克①……"在《午夜巴黎》中，他还向这些作家致敬，让他们的阴魂浮现在法国首都的石铺街道上。对伍迪·艾伦而言，大脑是他"钟爱的第二器官"（迈尔斯·门罗在《傻瓜大闹科学城》中坦言），他亲手为自己的大脑选择营养，而将社会批量生产的养料直接丢给猪猡。不像他的有些同学在假期可以到国外丰富历史人文知识，少年艾伦去过最远的地方也只是新泽西州，因为父母的经济状况根本不允许异地远游。对这个男孩来说，文学、电影、博物馆和爵士音乐会于是成为他众多的旅游方式。坐在影院的绒面座位上，他开始虚构画面，自我拼凑回忆，并畅游各国。这个男孩感悟着别样的生活，他在文化和思想上的需求增长远比自己的身体需求要多。

"我信奉苏格拉底哲学，这能让知识渗入你的身体②。"

正如"快乐知识"的先知第欧根尼那样，这位青年人调侃严肃科学，偏爱轻松的学问，并深信人在轻松状态下思想也能具有深度。彼得·斯劳特戴克③写道："对于何为人生，寻求者不能从理论上理解，只能从生活本身之中去感悟④。"艾伦是个重实践而轻理论的人，他在生活上首先表现出对游戏和挑战的偏爱。他在课间表演魔术，拿戏法吓唬班上的同学；他在课堂上驳斥老师，对他们的教学方法大为惊诧；他在班上逃课，与同学溜出教室到游戏厅或电影院鬼混。这个男孩显然更喜欢自娱自乐，而非坐在

---

① Eric Lax, *Entretiens avec Woody Allen*, p. 102.

② Stig Björkman, Woody Allen, *Entretiens avec Stig Björkman*, op. cit., p. 20.

③ 彼得·斯劳特戴克（Peter Sloterdijk, 1947— ），德国哲学家、文化理论家，现为卡尔斯鲁厄艺术设计大学教授。——译者

④ Peter Sloterdijk, *Critique de la raison cynique*, op. cit., p. 233.

毫不舒服的椅子上听那些无趣的课堂。对于价值观念和智力水平的提升，艾伦通过营造自己的特洛伊木马来实现。

"我读过的影视制作书籍很少，而且至今我也没有接受任何技术培训。电影界人士普遍认为，技术培训尤其重要。不过用两个星期，就可以自学摄像机和灯光①……"

艾伦化身伍迪

"我知道自己有喜剧天赋，因为我已经开始从中获得回报②。"

对这个布鲁克林胆大妄为的孩子，老师们一点也不看好他。但谁又会想到，他竟能将自己糟糕的学业转化为绝佳的幽默题材？在艾伦还是个中学生的时候，就被经纪人大卫·阿伯（David Alber）相中，也正是此人将他引入了演艺圈。"当我十六岁还在上学的时候，就有人雇我写笑话和逸闻趣事。后来，我还为电台、电视甚至夜总会脱口秀演员写③。"他谦虚地说道。他的第一份合同使他每周有二十五美元的收入。几年以后，当他签约国家广播公司（NBC），收入已经是七位数了，几个月挣的钱比父母一辈子都多（他依然与父母同住），这让他多少有些尴尬。

艾伦回忆道："在十几岁的时候，我试图模仿鲍勃·霍普④，

---

① Eric Lax, *On Being Funny*: *Woody Allen and His Comedy*, Charterhouse, 1975.

② Eric Lax, *Entretiens avec Woody Allen*, op. cit., p. 105.

③ Stig Björkman, Woody Allen, *Entretiens avec Stig Björkman*, op. cit., p. 19.

④ 鲍勃·霍普（Bob Hope, 1903—2003），生于英国的美国喜剧演员，同时也主持并制作多个电台与电视节目。——译者

并尽量自然地援用他的笑话。等我长大并更有文化之后，大概在十七八岁，我多少想进入戏剧和演艺行业。但我的兴趣是戏剧创作，我想为剧院写剧本，而不是写笑话。我想像易卜生（Ibsen）或契诃夫（Tchekhov）那样创作[1]。"若说他梦想成为剧作家，这位年轻人最初也正是因为他的笑话，才跻身二十世纪五十年代受人欢迎的幽默大师之列。在经历战争的创伤以及道德、社会和经济的衰退后，当时的美国需要欢笑，艾伦正好迎合了这种需求，就连当时的幽默明星如席德·西泽[2]也求助于他来为自己增添色彩。"在我最初入行的时候，我就对自己很有信心。这不是从我拍电影开始，而是从我踏入演艺界开始[3]。"他如此说道。

正是在那个轻松的职业年代，艾伦·斯图尔特·康尼斯堡正式成为伍迪·艾伦。首先，他需要有个像杰瑞·刘易斯[4]、格劳乔·马克斯[5]那样容易记住的名字，而这两人都是他崇拜的脱口秀明星；其次，他当时还是一个大学生，匿名登台也更为合适。然而，这绝非只是个假名（完全为他量身定做），而是这个青年自我构建并在演艺行业中开辟的全新身份，尽管这与他本人的身份相去甚远。他将自己的名变为姓，又从著名爵士小号演奏家伍迪·赫曼[6]那借来了"伍迪"，因为他从十四岁就成了这位爵士小号演

---

① Eric Lax, *Entretiens avec Woody Allen*, op. cit., p. 105.

② 席德·西泽（Sid Caesar, 1922—2014），美国脱口秀笑星、演员，在二十世纪六十年代曾开办每周娱乐节目《西泽一小时》（*Caesar's Hour*），吸引数百万的观众，还曾出演《疯狂世界》（*It's a Mad, Mad, Mad, Mad World*, 1963）。——译者

③ Eric Lax, *Entretiens avec Woody Allen*, op. cit., p. 370.

④ 杰瑞·刘易斯（Jerry Lewis, 1926— ），二十世纪五六十年代美国当红影星、笑星、歌星，同时也兼任导演、制作人等。——译者

⑤ 格劳乔·马克斯（Groucho Marx, 1890—1977），美国笑星、影视演员，风格机智幽默，深受观众喜爱。——译者

⑥ 伍迪·赫曼（Woody Herman, 1913—1987），美国爵士乐演奏家、歌手，在二十世纪三四十年代极其活跃，曾在第七届全美棒球超级杯中场演出。——译者

奏家的乐迷。我们的笑星在首次用这个艺名签字时才二十岁出头，那时他正为著名电视节目《埃德·沙利文秀》①和《今夜秀》写笑话。在早年结识的经纪人兼合伙人丹尼·西蒙（Danny Simon）面前，他会不断练习技艺并趋于完善，然后才敢登台表演。"我的笑话创作毫无疑问都从他那学来②。"艾伦如此说道。几年以后，他还在《丹尼玫瑰》中向老友致敬，该片讲述了一位经纪人和多名奇葩明星的故事。

"丹尼把我从幻想拉到现实之中。突然之间，我发现自己必须每周写一两个小品。我们赚了不少钱，所以得持续创作小品③。"

在纽约大学短暂学习一段时间后，他很快便被勒令退学。之后，他便倾心于个人真正的兴趣：写作与搞笑，而他的父母（尤其是母亲）对此则难以理解和接受。在《解构哈利》中，哈利（Harry）单刀直入地说："我对大学不感兴趣，我只想成为一名作家。"在任何情况下都继续写作。在 2003 年推出的《奇招尽出》中，杰瑞（Jerry，贾森·比格斯④饰）是个四处寻找登台机会的脱口秀学徒，有幸受到师傅大卫·多贝尔（David Dobel）的提携。在受雇为那些衣着浮华但没有本事的小丑写小品后，他克制住个人的傲慢，因为干这份替人当差的工作，目的就是等待一位制作

---

① 《埃德·沙利文秀》（*Ed Sullivan Show*），哥伦比亚广播公司从 1948 至 1971 年推出的娱乐节目，由埃德·沙利文（1901—1974）主持。——译者

② John Baxter, *Woody Allen：A Biography*, Carroll & Graf, 1999；Flammarion, collection《Grandes biographies》, 2000.

③ Eric Lax, *Entretiens avec Woody Allen*, op. cit. , p. 99.

④ 贾森·比格斯（Jason Biggs, 1978— ），美国男演员，因出演青少年喜剧《美国派》（*American Pie*, 1999）而成名。——译者

人发现自己，并最终给他登台的机会。此处的剧情与伍迪·艾伦初次登台的真实经历几近相似，其中充满了各种波折，亦如搭建在艾维·辛格房屋外的过山车那样。

若说伍迪·艾伦没有强健的体魄，他也有其他的王牌在手，这其中包括两位杰出的经纪人杰克·罗林斯（Jack Rollins）和查尔斯·H. 约菲（Charles H. Joffe）。他曾解释说："我负责写作，他们负责业务管理。一天，我告诉他们我想像莫特·斯塔尔①那样登台表演脱口秀。他们立即抓住机会，丝毫不让我轻易放弃这个想法②。"于是，他开始在纽约的"蓝色天使"（Blue Angel）和"苦涩结局"（Bitter End）夜总会表演，并克服自己出名的那份腼腆。几年之间，这位纽约犹太人以其滔滔不绝的神经质表演以及那件过大的上装，逐渐赢得了观众的喜爱。第欧根尼用木棍赶跑崇拜迷信的路人，查理·卓别林③以手杖、帽子和胡须作为搞笑手段，伍迪·艾伦则选择自少年时代起就架在鼻梁上的眼镜，来作为那个年代的永久招牌。凭借这个道具，人们立刻就能认出他，而他以后也从未丢开这一道具。

"婚姻是希望的幻灭。"

伍迪·艾伦

就个人生活而言，艾伦在二十一岁成为已婚男人。1956 年，

---

① 莫特·斯塔尔（Mort Stahl, 1927—　），加拿大裔美国幽默大师，二十世纪杰出的脱口秀演员。——译者
② Stig Björkman, Woody Allen, *Entretiens avec Stig Björkman*, op. cit., p. 40.
③ 查理·卓别林（Charles Chaplin, 1889—1977），英国演员、导演，二十世纪三十年代在美国发展，代表作有《城市之光》（*City Lights*, 1931）、《摩登时代》（*Modern Times*, 1936）等。——译者

他在街区的一所小犹太教堂与在纽约修读哲学的女大学生哈伦·
罗森（Harlen Rosen）宣誓结婚。这场婚姻持续了六年，期间艾
伦如饥似渴地阅读哲学著作，哈伦向身为笑星的丈夫介绍了康
德、萨特、柏拉图以及尼采的作品。然而，两人的结合看似完
美，结局却很糟糕：更确切地说，是法庭上的诽谤诉讼。那控诉
的要点何在？伍迪·艾伦存心恶毒诋毁妻子的形象并从中自得其
乐，他公开地"在表演中、广播上或朋友之间①"对她冷嘲热讽。
1962 年，艾伦与哈伦离婚。"爱情好比天花。"导演通过《傻瓜入
狱记》中的人物维吉尔·斯塔克维尔（Virgil Starkwell，伍迪·艾
伦饰）如此说道。尽管艾伦对全心投入、矢志不渝、忠贞如一的
爱情持怀疑态度，他依然借《曼哈顿》主人公艾萨克·戴维斯之
口说出了这样的话："我认为人们应该一辈子呆在一起，就像鸽
子或天主教徒那样。"

> "娜塔莎，爱就要受罪。为了免于受罪，就不要去爱。
> 但是，不爱也要受罪。这爱也受罪，不爱也受罪，受罪就是
> 受罪。为了幸福，就要去爱。所以为了幸福，就要受罪，但
> 受罪又让人不幸福。因此，为了不幸福人必须去爱，要么受
> 罪也要爱，要么因太多幸福而受罪。我希望你能记住这
> 些话。"
>
> 索尼雅（戴安·基顿饰）（出自影片《爱与死》）

对于第一次婚姻的失败，导演在《安妮·霍尔》中亦有指涉。
艾维·辛格在重构自己的爱情迷局时，重新回到阿莉森·波契尼
克（Allison Portchnik）的片段上，他与这位女大学生在一家夜总

---

① Marion Meade，*La Folle Vie de Woody Allen*，JC Lattès，2000，p. 84.

会的后台相识，而她正以"二十世纪文学中的政治使命"为题写自己的学位论文。继而，他将自己的肖像描绘如下："你属于纽约犹太人，左翼自由派知识分子，家住中央公园西街，上布兰迪斯大学，参加社会主义夏令营；父亲存有本·沙恩①的画作，喜欢参加罢工……"艾维与个人定义的刻板人物阿莉森成婚，但围绕约翰·肯尼迪遇刺事件，他却偏爱阴谋论而忽略床笫之欢。"你在用阴谋论作为借口避免和我发生性关系。"不幸的阿莉森如此控诉自己的丈夫。这时，艾维转向摄像机，摸着收紧的喉咙说道："我的老天，她说得对。我为什么要让阿莉森扫兴？她漂亮、主动，悟性又高。这难道是格劳乔·马克斯的陈年笑话？我不想加入有类似我这样成员的俱乐部。"

　　"一段时间之后，婚姻就会原地不动。这也正是婚姻的意义所在！"

　　瓦尔·韦克斯曼（伍迪·艾伦饰）（出自影片《好莱坞结局》）

　　由于很早就目睹了父母的婚姻生活，伍迪·艾伦在《呆头鹅》中讲述了一对从未想过离婚的夫妇，全然不顾自己父母的请求。在康尼斯堡家庭之中，激烈的争论（尤其与钱有关）接二连三地发生。在十四岁的时候，他通过读书、电影以及高音广播来逃避令人窒息的生活环境。而二十岁之后，只需一走了之。如果婚姻是他独立的条件，那离婚则是他独立的认可。在谈到犬儒主义者反对正统思想时，米歇尔·翁弗雷评述道："工作、结婚、养育子女、保卫祖国，这就是教堂、政府和卫道者向我们倡导的合乎社

---

① 本·沙恩（Ben Shahn，1898—1969），立陶宛裔美国画家，以反映社会和政治主题的绘画出名。——译者

会道德的理想模式①。"相对而言，伍迪·艾伦的电影也同样嘲讽
布道者，并力图瓦解他们的话语。较之循规蹈矩，他更爱走不寻
常路，并由此将现实世界与另一个（虚幻或内心）世界对立起来。
从一开始，伍迪·艾伦的电影就对社会矛盾加以质问，认为社会
已被进步所蒙蔽，并对它陷入的绝境视而不见。正如普鲁斯特②，
艾伦也要追寻逝去的时光。那他的"小甜糕"又是何物？正是他
通过想象力和创造力试图寻觅的往日情景。

初入好莱坞

> "毫无疑问，喜剧片要比严肃片难拍。在我看来，喜剧片
> 显然比严肃片价值要低……我不想表现得残忍，但鉴于人们
> 从中获得的满意度，喜剧与正剧相比就显得幼稚而平庸③。"

若说他有宏伟的职业计划，那他的志向似乎也并无界限。艾
伦熟知歌曲《慢行方致远》④ 中的道理。也正是通过一块又一块石
头，他才逐步夯实了自己的职业基础。从新闻写作（《纽约客》）
到电视节目（他是个小有名气的演员），再从戏剧（《别喝生水》）
至电影创作。对此他说道："我过去在夜总会出场，很多人看过
我表演后很喜欢我。他们就想：'太棒了！既然他能写这些小品，
那或许他也能写剧本。'于是，他们就雇我写。我就写了这个剧

---

① Michel Onfray, *Cynismes. Portrait du philosophe en chien*, op. cit., p. 133.

② 普鲁斯特（Marcel Proust，1871—1922），法国小说家，意识流文学先驱，代表
　作有《欢乐与时日》（*Les Plaisirs et les Jours*，1896）与七卷本的《追忆逝水年
　华》（*À la recherche du temps perdu*，1913—1927）等。在《追忆逝水年华》中，
　小甜糕引发了所有后续的回忆。——译者

③ Eric Lax, *On Being Funny: Woody Allen and His Comedy*, op. cit.

④《慢行方致远》，一首意大利歌曲 *Chi va piano va sano*，又名《欲速则不
　达》。——译者

本，至少我认为这是个不错的剧本①。"1965 年，《风流绅士》（又名《猫咪，最近怎么样?》）上映，该片由克莱夫·唐纳（Clive Donner）执导，伍迪·艾伦负责编剧。从项目创意来说，电影的片名要归于沃伦·比蒂②，因为他总是习惯性对自己的女友说这句话。

《风流绅士》讲述了一对情侣之间的感情受男方不忠威胁的故事。主人公迈克尔·詹姆士（Michael James）尽管爱着女友，但却对其他女人极为痴迷。他没法抵挡她们，尤其是女性主动的话。他于是尝试通过咨询治疗师来解决这个问题。然而，治疗费用不仅昂贵，而且迈克尔的欲望并没有减退。为了报复，他的女友卡罗莱（Carole）投入好友维克多（Victor）的怀抱，而后者对这份爱也是受宠若惊。爱情的火花由此提前燃放。当艾伦撰写《风流绅士》的时候，他将剧本构思为一部浪漫喜剧，怪诞之中带有弗洛伊德的特色。然而，最终的影片与他的期望出入极大。尽管影片票房获得了成功，但伍迪·艾伦却情绪低落。

> "不论任何代价，我都希望自己的第一部电影，或更确切地说前两部电影，能拍成搞笑片。对我而言，这才是唯一重要的。我只想生存和创作③。"

当然，看到自己的名字和沃伦·比蒂、彼德·奥图④以及罗

---

① Stig Björkman, Woody Allen, *Entretiens avec Stig Björkman*, op. cit. , p. 21.

② 沃伦·比蒂（Warren Beatty, 1937—　），美国演员、导演、编剧，曾出演《天涯何处无芳草》（*Splendor in the Grass*, 1961）、《天堂可以等待》（*Heaven Can Wait*, 1978）等片。——译者

③ 此处为伍迪·艾伦的原话，由 Ira Halberstadt 搜集发表在 1978 年 10 月第 6 卷第 12 期的《取一份》（*Take One*）杂志上。

④ 彼德·奥图（Peter O'Toole, 1932—2013），爱尔兰男演员，曾出演《阿拉伯的劳伦斯》（*Lawrence of Arabia*, 1962）、《特技替身》（*The Stunt Man*, 1980）等片。——译者

密·施奈德①的名字一起出现在片头字幕，年轻的艾伦也十分自豪。然而，这种自豪抵不过遗憾："我感觉没人懂得如何去拍这部影片。导演克莱夫·唐纳是非常优秀的导演，但他也无能为力。他不仅要应对摄制组施加的压力，而且明星也会不断纠缠并逼他做各种各样的事②……"对伍迪·艾伦而言，这无疑在那个很长的失望单上又添了一项。此外，制片人查尔斯·费尔德曼（Charles K. Feldman）令艾伦甚为气愤，他发誓不会与好莱坞有第二次合作。他曾对斯蒂格·布约克曼透露说："以那种方式拍电影太糟糕了，完全成了世俗的游戏③。"

在《风流绅士》这个噩梦仅一年以后，伍迪·艾伦又迎来了一次展示个人电影才华的全新机遇。从书面合同来看，《老虎百合》这个项目很吸引人，对他这样一个搞笑的人来说尤其如此。但等影片开拍后，立即就成了笑话："这又是一次可怕的经历！一位制片人买下一部日本影片的版权后，让我为片中的日本演员写台词。我请了几位朋友，一起来到配音棚。我们研究演员的口型，然后再配英语台词。这是一个极其荒唐而幼稚的项目。在电影放映前，我还起诉制片人，以阻止该片上映。他对影片进行了诸多改动，在我看来那非常糟糕④。"失望—电影：1—0。

1966 年，《老虎百合》在不太愉快的气氛下上映。然而出乎意料的是，这部艾伦所谓的"无味"闹剧居然吸引了评论界和公众的注意。十足的反讽！这从开始就好比是个中学生的玩笑，其中

---

① 罗密·施奈德（Romy Schneider, 1938—1982），奥地利女演员，曾出演《茜茜公主》（*Sissi*, 1954）、《风流绅士》（*What's New Pussycat*, 1965）、《老枪》（*Le vieux fusil*, 1975）等片。——译者

② Stig Björkman, Woody Allen, *Entretiens avec Stig Björkman*, op. cit., p. 21.

③ Ibid., p. 22.

④ Ibid., p. 25.

导演改编了谷口千吉①《键中键》中的镜头，并最终将它改造成了一部票房力作（仅法国的票房就超过了百万）。作为间谍片的翻版，《老虎百合》讲述了菲尔·莫斯科维茨（Phil Moskowitz）寻找一个制作鸡蛋色拉配方，然而日本黑帮却设置重重障碍阻止他继续追寻的故事。片中伍迪·艾伦的黑色幽默、年代错位以及插科打诨博得了观众的喜爱，这也最终让这位喜剧天才撤销了对制片人的起诉。

　　1966 年，艾伦出演了几个小角色，因为他也意识到在成功之前还得吃饭。在侦探喜剧片《皇家赌场》中，他出演詹姆斯·邦德（James Bond）的侄子吉米（Jimmy）。艾伦说："人家付给我的酬劳很高，但这只是个次要角色②。"在该片中，艾伦与好莱坞影星彼得·塞勒斯③、大卫·尼文④、奥逊·威尔斯⑤、厄休拉·安德雷斯⑥以及黛博拉·蔻儿⑦共同出镜。然而，这一切还是"世俗的游戏"，而《皇家赌场》也成为"我电影生涯中又一次可怕的经

① 谷口千吉（Senkichi Taniguchi, 1912—2007），日本导演、编剧和制片，代表作有《静夜之决斗》（*Shizukanaru ketto*, 1949）、《键中键》（*Kagi no kagi*）（1965）等。——译者
② Stig Björkman, Woody Allen, *Entretiens avec Stig Björkman*, op. cit., p. 24.
③ 彼得·塞勒斯（Peter Sellers, 1925—1980），英国喜剧演员，曾出演《奇爱博士》（*Dr. Strangelove*, 1964）。——译者
④ 大卫·尼文（David Niven, 1910—1983），英国演员，曾出演《尼罗河上的惨案》（*Death on the Nile*, 1978）。——译者
⑤ 奥逊·威尔斯（Orson Welles, 1915—1985），美国演员、导演、编剧、制片人，曾以 1938 年的广播剧《世界大战》（*The War of the Worlds*）而闻名，代表作有《公民凯恩》（*Citizen Kane*, 1940）、《第三人》（*The Third Man*, 1949）。——译者
⑥ 厄休拉·安德雷斯（Ursula Andress, 1936— ），瑞士模特、女演员，作为邦女郎曾出演《之诺博士》（*Dr. No*, 1962）和《皇家赌场》（*Casino Royale*, 1967）。——译者
⑦ 黛博拉·蔻儿（Deborah Kerr, 1921—2007），英国演员，代表作有《巴巴拉少校》（*Major Barbara*, 1941）、《国王与我》（*The King and I*, 1956）等。——译者

历①"。坐在扶手椅里来看，那些电影似乎很美……然而，影业内幕和商业现实改变了伍迪对好莱坞的看法，他在影片《安妮·霍尔》《名人百态》和《好莱坞结局》中还对其加以嘲讽。

同年，金发的年轻喜剧演员路易丝·拉瑟（Louise Lasser）成为了伍迪·艾伦夫人。我们的笑星是在出入"双层公寓"（Duplex）歌舞餐厅时与路易丝相识，他也从她身上找到了自己的搭档，两人无论在生活上还是舞台上都十分默契。在影片《傻瓜入狱记》中，也正是她为女主人公的名字提供了灵感。在这部影片中，艾伦不仅担当导演，还与童年好友米基·罗斯（Mickey Rose）共同创作剧本，此外也领衔片中的主角（最初由杰瑞·刘易斯提议）。这次，导演和帕洛马影业公司展开了合作。为拍摄这部电影，尽管这家小公司仅提供给艾伦不到一百万美元的资金，但却给了他绝对的自由。自此，影片的最终剪辑就由他定夺，这也正是他梦寐以求的。"这种感觉太好了。自那以后，我在拍电影过程中也再没遇到任何人的干涉②。"那是 1968 年，伍迪·艾伦最终自由了。面对好莱坞影业公司的压制，导演尽现个人的勇气与傲骨，丝毫不曾畏缩。通过影片《傻瓜入狱记》，他向那种索然无味的商业喜剧片正式吹响战斗的号角。当年，他三十三岁。

"当大师的良知昭示出犬儒主义的迹象，它必然呈现出反权的趋势。但如果不存在反权，事态又会如何？在社会中不再有其他有效道德途径，或者当潜在反权力量在很大程度上卷入权力机构时，也就不再有人会对犬儒主义的霸权义愤填

---

① Stig Björkman, Woody Allen, *Entretiens avec Stig Björkman*, op. cit., p. 24.
② Ibid., p. 27.

腐了①。"

          *   *   *

    在第一部电影中，导演逐步对此进行清算：首先是和自己的父母，他们在片中化身以自己儿子为耻的格劳乔·马克斯夫妇；其次是和令人窒息的权威，尤其是警察和他的母亲（"记得我小的时候，你每天都打我②"）；最后是和善与恶的清算，片中主人公都以罪犯为业。由于父母将电影视为与"犯罪记录"有关的地痞职业，伍迪·艾伦便抓住他们的话，决意在片中扮演恶棍。他的武器何在？摄像机于是成为拳头的自然延伸，不过康尼斯堡夫妇还是认为儿子无所事事。

    今天，如果说他能对街头地痞和母亲施加于他的羞辱以及他出生的那个疯狂年代给予的打击畅然大笑的话，这种超脱也并非始终如实。剧本创作与电影拍摄有助于伍迪·艾伦采取高傲的姿态，而精神分析却让他懂得后退的道理。他与现世、女性、母亲、技术、科学、宗教和他人的力量关系，这无疑都成为他电影的主题。与现实世界不同，他个人的想像可以在虚构世界中恣肆妄为地发挥，并从不在道德和美学上加以责难。以电影作为媒介，他在藐视社会禁令的同时，还可透过个人（颠覆、敏感、真挚）的视角对此进行审视。在一片欢愉中，影片台词、动作与情景的喜剧性相互应合，而插科打诨（美国滑稽电影的典型特点，经布斯特·基顿和查理·卓别林变得流行）也逐渐在他早期影片的幽默特征中更加突出。

    撇开他们复杂的名字，片中人物维吉尔·斯塔克维尔、菲尔

---

① Peter Sloterdijk, *Critique de la raison cynique*, op. cit., p. 152.
② 此句出自《傻瓜入狱记》（1969）中的人物维吉尔之言。

丁·梅利什（Fielding Melish）、迈尔斯·门罗和鲍里斯·格鲁申科
（Boris Grushenko）都经历过同样的磨难和痛苦：笨蛋的不幸、柏
拉图式有碍事态的热情、第欧根尼（喜欢在公共场所解手）式的
自慰需求，更不用说这些人身上具有的犬儒脾性（"犬儒"这个词
源于希腊词根"kuôn"，即"犬"的意思）。通过男主人公身上的
对立特征，可以看到人物的多重个性所迸发的烈焰，正如影片
《西力传》呈现的那样。面对这个既无爱也无人性的世界，主人公
不断对自己所处的境地发问。我是谁？我在何处？我是这个时代
的一员吗[1]？除这些问题之外，《爱与死》中的鲍里斯·格鲁申科
还继续发问："人死后会发生什么事？地狱存在吗？上帝存在吗？
人有来世吗？我们去往何处？我该带一把牙刷吗？"

　　"通过揭开虚幻的面纱，犬儒主义者得以深入挖掘。他们
　　以反讽为手段，深入文明表层以下进行探寻，以便向社会的
　　基石和禁忌发起攻击[2]。"

---

① 这些发问出自《怎样都行》（2009）中人物梅洛迪（埃文·蕾切尔·伍德饰）。
② Michel Onfray, *Cynismes. Portrait du philosophe en chien*, op. cit., p. 94.

第2章

滑稽小丑成喜剧大王

　　"看在上帝的分上，不要再获奖了，你让我既疯狂又嫉妒①。"

格劳乔·马克斯对伍迪·艾伦说

　　他的脱口秀表演广受欢迎，也因此在全美巡演；《纽约客》的读者对他模仿陀思妥耶夫斯基等名家的那些短篇故事赞不绝口；评论界高度称赞他荒诞的影视风格和戏剧创作，正如他在巴黎拍摄《风流绅士》期间撰写的《别喝生水》。总而言之，伍迪·艾伦是一个十分成功的男人，很少被随之而来的丑闻困扰。1964年，他曾得到美国总统林登·约翰逊②接见，并受邀在白宫参加晚会，其中就有多位国际演艺界的精英参加，这足见他的欢迎程度。正如《解构哈利》中的露西（Lucy）所言，伍迪接触过的东西"都

---

① Marion Meade, *La Folle Vie de Woody Allen*, op. cit. , p. 97.
② 林登·约翰逊（Lyndon Johnson, 1908—1973），美国民主党政客，曾任第三十六届总统（1964—1969），著有回忆录《高瞻远瞩》（*The Vantage Point*, 1971）。——译者

变成了金子"。在《傻瓜入狱记》上映不久，艾伦决定再次在他创作的戏剧《呆头鹅》中登台，该剧于 1972 年由赫伯特·罗斯（Herbert Ross）改编并搬上银幕。这里，伍迪·艾伦讲述了剧中人物艾伦·菲利克斯（Allan Felix）如何借助情场高手亨弗莱·鲍嘉的假想建议——保持缄默，竭力去引诱好友妻子的故事。

　　"做爱比说话好……人们之所以忍受说话，目的正是为了做爱。"

　　瓦尔·韦克斯曼（伍迪·艾伦饰）（出自影片《好莱坞结局》）

　　问题在于保持缄默后，伍迪·艾伦却患上了口腔溃疡。然而，他的健谈和他对言辞的热爱已经成为他个性的组成部分。由于他是个极易冲动而难以自制的人，所以他脚底会打滑，四肢会发抖，额头会出汗，舌头会打卷。一种无名的空虚令他感到窒息，艺术家只有以自己的方式与之抗争：用词语填满空间，将白纸全部涂黑。伍迪·艾伦认为，生命中的每一个声响都会拨动自己身上的一条心弦。于是，他始终处于警觉状态，更多是为了倾听身体的激荡，而非反对自我的理性声音。这其中的证据在于，他在影片中饰演的角色全是情圣，他们无法忠贞不移，总折服于女性身体的魅力之下。1970 年，他与路易丝·拉瑟离婚。1969 年，在为剧作《呆头鹅》中的人物琳达·克里斯蒂（Linda Christie）选角时，他认识了戴安·基顿，该片由乔·哈代（Joe Hardy）担当制作人。

　　在头脑、心灵和身体之间，永远存在着冲突，这恰好为伍迪·艾伦的喜剧提供了沃土。作为笨蛋的代言人，这个角色因他的犹太文化而成名。不论是在现场还是银幕，伍迪·艾伦都经历着身为男性犹太知识分子的苦恼，遭受着身体内那些近似自发产生的冲动的困扰。正如《性爱宝典》中那个自由移动的巨大乳房，身体在他的所有作品中都是无序与浑沌的表现形式，这其中也充满了反讽。对此，弗拉基米尔·雅克列维奇写道："这位犬儒相信灾难的多产性，他勇于承担自己的罪过，目的是让罪过显得毫无可能、无从接近且难以忍受。他之所以披露社会不公，也是希望这种不公在经历升级与喧闹后顺势自行消除①。"

　　"但我从来没有潜伏期，这我无能为力。"

　　　　艾维·辛格（伍迪·艾伦饰）（出自影片《安妮·霍尔》）

　　在伍迪·艾伦看来，二十世纪七十年代的喜剧带有先锋特色，制片人杰克·罗林斯和查尔斯·H. 约菲对此历来大加欢迎，并从经济上和艺术上对导演的滑稽艺术给予莫大的支持。作为英格玛·伯格曼的崇拜者，艾伦对影片《莫妮卡》及其拍摄视角推崇备至。他自入行起就扮起魔术学徒，在自己的大熔炉中成功地融入多种元素，这在许多人看来尤为神奇。他将美国文化与欧洲文化的精华成功地融为一体，并有意识地将这个原则作为所有影片的基石。从费奥多尔·陀思妥耶夫斯基、华特·迪士尼②、弗朗索瓦·特吕弗③到巴斯特·基顿④，又何必选择呢？

---

① Vladimir Jankélévitch, *L'Ironie*, Flammarion, collection 《*Champs Essais*》, 2011, p. 105.

② 华特·迪士尼（Walt Disney, 1901—1966），美国编剧、导演、迪士尼公司创始人。——译者

③ 弗朗索瓦·特吕弗（François Truffaut, 1932—1984），法国演员、编剧、导演，他于1959年执导的影片《四百下》（*Les Quatre cents coups*）曾获戛纳电影节最佳导演。——译者

④ 巴斯特·基顿（Buster Keaton, 1895—1966），美国演员与导演，执导的代表作有《福尔摩斯二世》（*Sherlock Jr.*, 1924）、《将军号》（*The General*, 1927）。——译者

无序与失德

　　"那个时候，我花很多时间呆在电影院来逃避现实生活，到最后我已经无法分清两者的界限①。"

　　伍迪·艾伦的艺术实践原则，就是开拓生活全新的可能，并在虚构世界之中找到现实世界不存在的东西：一种高尚的替代。他早期的喜剧在视觉与叙事上的肆无忌惮，充分显示出艾伦多变影视风格的秘诀：不同体裁、声调、语言与特征的混合。从剧本创作、配音到执导、演员、作曲，他不仅样样在行，而且还为影片剪辑师提供帮助。对于自己的电影，他从头到尾事必躬亲（即便到今天也依然如此）。

　　导演真正想说想做或想成为的，就是困扰周围同行以及震慑谨小慎微者的自由人。此外，伍迪·艾伦也将矛头指向旧习和传统，从形式和话语上颠覆它们，并借助思辨、文化和嘲笑对其加以驳斥。人们只需对《性爱宝典》中七个片段颇具争议的标题（如春药有用吗？何谓鸡奸？射精时会怎样？）加以审视，就可以明白这一点。尤其当社会趋于正统的时候，向社会如此发问的确不合时宜。然而，通过一个明知自己有错但泰然自若的男孩，喜剧大师毫不顾虑地将事实昭示于人：

　　"在肉体和灵魂之间存在区分吗？如果存在的话，你想拥

---

① Jean-Michel Frodon, *Conversations avec Woody Allen*, Plon, 2000, p. 123.

有哪个①?"

身穿灰棉衬衣,内衬白色 T 恤,戴宽框眼镜,目光忧郁,嘴角挂着无奈的笑容,这就是维吉尔·斯塔克维尔被警察抓住后备案时的特写。针对这张"无奈的嘴"和"紧闭的双唇",彼得·斯劳特戴克对它们的意义和表征阐述甚是精当,他如此写道:"与过往经历密切相关,这张愤世嫉俗但无奈的嘴巴只知道一件事情:最终看来,一切都是虚幻,人也没法使这张嘴巴趋于随和、呈献出一片忠心,并沉溺于人世欺诈的诱惑之中②。"在旧金山警署张贴的维吉尔画像其实表达了这样的观点,即在很大程度上影片人物将这个气馁的头像归因于生活对他的虐待:这从心理上表明主人公对周围人世的怀疑,对观众而言这也是他身处微恙的一种指示。

"身体从来不会撒谎。"
艾维·辛格(伍迪·艾伦饰)(出自影片《安妮·霍尔》)

针对维吉尔·斯塔克维尔这个神经质的小地痞角色,伍迪·艾伦说:"在喜剧片中,我感觉这是个非常经典的形象。一个身体瘦弱的胆小鬼,对女人垂涎三尺。他心底好,却笨手笨脚,神经紧张,软弱无能③。"导演这里对自己的喜剧原型进行了界定,而且在个人今后的影视生涯中还会对这个原型逐渐加以描绘,并尤其关注片中男性人物的缺点(它们与人物的鼻子一样明显)。也正是缺点让他们变得讨人喜欢,并让女孩们为之倾倒,而《傻瓜入

---

① Woody Allen, *Pour en finir une bonne fois pour toutes avec laculture*, trad. Michel Lebrun, Seuil, collection《Points》, 2009.

② Peter Sloterdijk, *Critique de la raison cynique*, op. cit., p. 188.

③ Stig Björkman, Woody Allen, *Entretiens avec Stig Björkman*, op. cit., p. 34.

狱记》中的路易丝就对笨拙的主人公爱慕有加，正如卓别林电影《城市之光》中对流浪汉表露好感的年轻失明卖花姑娘那样。

1969 年，伍迪·艾伦将一位普通人的冒险和不幸搬上银幕，此人梦想着成为其他人。然而，这些人远比他更坚强，比如被警察追捕的罪犯、革命分子（《香蕉》）或者避免被砸碎的机器人（《傻瓜大闹科学城》）。若说片中的维吉尔·斯塔克维尔抱怨自己曾是父母体罚的受害者，那么伍迪·艾伦在二十世纪七十年代的影片中塑造的人物，他们每个人都试图突破小人物遭人迫害的形象，以此瓦解自然法则倾向于让此类人物充当替罪羊的企图。在1971 年推出的《香蕉》中，他扮演了虚构国家圣马科斯（San Marcos）的总统，瑞典语是那里的官方语言（不禁让人想到他非常喜欢这个国家的空气、气候、风景与艺术家）。最终，在银行抢劫犯与国家元首之间，也只有一步之遥……

　　　　"在拍摄这部电影的过程中我明白，不论一个场景进行的节奏如何，拍喜剧片始终都要加快速度，这是个黄金法则①。"

在影片《香蕉》中，伍迪·艾伦将《傻瓜入狱记》初探的主题彻底深化，为电影借助话语和图像作为大规模武器对抗国家政权奠定了基础。从 1965 年起，美国军队被大量派入越南境内。美国在发动战争，和平主义者上街抗议，到处是电视台的摄影记者。正在这时，艾伦与米奇·罗斯（Mickey Rose）共同撰写剧本并推出《香蕉》，来安抚那些热情高涨的人士。他们两人联袂创作出这部杰出的讽刺剧，在讽刺政府和政治的同时，也嘲笑贪婪的电视台以及那些像鸽子一样被愚弄的市民。显然，一顶假发和一缕胡

---

① Stig Björkman, Woody Allen, *Entretiens avec Stig Björkman*, op. cit., p. 49.

子就足以欺世愚民。

几年之后，当迈克尔·西米诺（Michael Cimino）执导的影片《猎鹿人》上映时，艾伦针对影片的视角表达了个人的异议："对于越南可能发生的事件，《猎鹿人》是个虚假的看法。我不相信会是残暴的越南人逼迫贫穷的美国人玩俄罗斯轮盘，而非美国轰炸机在越南到处投射凝固汽油弹。我对这部影片并不排斥，但为这部影片颁发奥斯卡奖，在我看来完全是当前美国文化的衰萎①。"伍迪·艾伦从不掩盖由共产主义父母抚养长大的事实，作为沙龙的革命分子，他们对麦卡锡以及实施逮捕的犬牙们可谓骂不绝口。伍迪·艾伦在《香蕉》中将这种逮捕搬上银幕，并再现出激进分子在冲锋枪火舌面前仓惶而逃的场面。

"他们不让我参军，似乎我不太适合。"

艾维·辛格（伍迪·艾伦饰）（出自影片《安妮·霍尔》）

如果是一连串的随机事件让胆小怕事的纽约人菲尔丁（Fielding）成为圣马科斯的首领，那么在故事开头总有一位女性，这正是年轻、漂亮的社会活动分子南希（Nancy）。菲尔丁为了她，赶赴拉丁美洲（尽管他害怕坐飞机），全然不顾那个国家爆发的内战。尽管这是一个经典的爱情故事，但片中人物笨拙的魅力却捕获了观众的心。从视觉上来看，《香蕉》充满了各种新奇事件与妙语玩笑，尽显伍迪·艾伦随机应变的能力，这不禁让人想到他本人也是自学成才。影片《香蕉》中充满着插科打诨（用独轮车送给游击队员的甘蓝色拉）、笑话（不总是易于察觉）、观念联想以

---

① Woody Allen 接受 Robert Benayoun 采访，*Woody Allen*，Éditions Scope，见 2008 年《正片》（*Positif*），p. 52。

及对马克斯兄弟的模仿（在向胡须致敬）。在将《香蕉》视为政治立场鲜明的影片之前，它首先是一部优秀的喜剧片。本片主要的拍摄任务在波多黎各进行，而路易丝（饰演南希）和伍迪在几个月前已在墨西哥离婚。显然，这次离婚没有第一次那样痛苦不堪，因为路易丝还继续在伍迪·艾伦 1972 年的《性爱宝典》中出演。离异的缘由何在？正由女演员的性情不定与精神抑郁所致。显然，这对青年夫妻身上背负的创伤包袱有点过于沉重。

　　"我一向与权力有过节。"

　　　　艾维·辛格（伍迪·艾伦饰）（出自影片《安妮·霍尔》）

　　银幕上的伍迪·艾伦对暴君、战争和权威冷嘲热讽，正如在《安妮·霍尔》中那样，他在体形是自己两倍的警察面前撕掉罚单，或像《傻瓜大闹科学城》中那样，他偷受人敬仰的独裁者的鼻子并煽动革命，或在《性爱宝典》（第一个片段《春药管用吗?》）中，他敢于反抗有权砍自己脑袋的国王。

　　对基于立国文档（如法律或《圣经》）之上独裁体系的弃绝，已经演变为艾伦式主人公策骑的一匹战马，它为反叛、反正统与反抗意识开辟了诸多道路。如果伍迪·艾伦的面貌不像一位朋克音乐人，而是像一个完美的土耳其人，那么他塑造的人物就与那些身穿皮夹克的拒不服从者有了共同之处，也同样坚持存在主义和虚无主义立场，但不需要夹克来假装强悍，因为它至多好比是《奇招尽出》中大卫·多贝尔建议他人随身携带的一根棒球杆。这些人物身不由己卷入政治，但正如《傻瓜大闹科学城》片末迈尔斯向露娜所言："政治解决根本不管用，不论谁在幕后操控都一样。"一份无可挽回的判决。

"我是格劳乔倾向的马克思主义者①!"

当斯蒂格·布约克曼问及伍迪·艾伦的政治立场时,导演回答说:"我自我定义为一名左翼民主派人士②。"不论是在《香蕉》《傻瓜大闹科学城》,还是在《爱与死》与《别喝生水》中,这位左翼民主派人士都以"喜剧"形式拷问政治的良知。诚然,他与时代的格格不入以及他对人类有限的信仰,无疑催促导演通过自己的作品去唤醒那些沉睡的灵魂,并以明快的节奏摇晃他们,而这个节奏又在生物上取决于导演本人。这些短片(不超过九十分钟)鞭辟入里、明察秋毫。至于人物言语,伍迪·艾伦敢于直言不讳。对现实带来的打击他也主动予以回击,正如二十世纪六十年代美国电视台主办的由艾伦与袋鼠展开的拳击比赛,虽然有失公允却也生动别致。

> "在创作或拍电影时,你创造出自己喜欢生活于其中的世界。你喜欢自己创造的人物,喜欢他们的着装、他们生活的地方以及他们说话的方式。你于是有幸能在这样的世界之中生活几个月……因此在我的影片里,我始终感觉理想生活或幻想的美好总与现实的残酷相互对立③。"

生活于无名之中

伍迪·艾伦品味着成名的喜悦,享受着身为青年导演在那个

① 1968年5月的流行口号,这里被伍迪·艾伦借用。
② Stig Björkman, Woody Allen, *Entretiens avec Stig Björkman*, op. cit., p. 47.
③ Ibid., p. 59.

时代少有的自由。1972 年，联美公司与他签订了了合同，授予他绝对的权利，但导演却与名望维持着十分复杂的关系。他的私生活成了民众谈论的话题，这对他而言冲击很大。他与哈伦继而又与路易丝离婚的绯闻四处流传，其速度甚至比维吉尔·斯塔克维尔逃离警察时都快……

在《怎样都行》中，鲍里斯对梅洛迪（Melody）说："不要给人留地址和信用卡号。"偏执症？多少有点。不过，这更多是个人决意独自平静生活的祈愿。保存个人信息不予泄漏，以免让业已脆弱的自我受伤，这就是他的行事方式。在谈到犬儒主义者有条件地在组织上保持距离时，彼得·斯劳特戴克写道："……孤独者离群索居，是不让自己成为嘲笑的对象①。"鲍里斯牺牲了自己最初的社会身份（物理学家、丈夫、儿子），放弃在道德上令人欣慰的群体归属感（曼哈顿资产阶级知识分子），以挽救自己真实存在的身份（在中央公园教孩子下象棋，而无需向税务部进行申报）。鲍里斯在离婚后企图自杀未果，并最终隐居在纽约的一栋公寓，这其实并非是个巧合：一方面，他可以拉开距离放眼观看这个欺诈横行的世道；另一方面，他可以逃离世人与政府的视线。正如乔治·奥威尔告诫的那样："兄弟，要保持清醒！"

　　"我记得父亲曾对我说：'上帝的眼睛一直看着我们'。上帝的眼睛！对一个小男孩而言，这是多么可怕的表述！上帝的眼睛长什么样呢？难以想象的深邃和犀利，至少我当时这么想……我在想自己以眼科为业，这是否纯属巧合。"

犹大（马丁·兰道饰）（出自影片《罪与错》

① Peter Sloterdijk, *Critique de la raison cynique*, op. cit., p. 212.

　　此外，伍迪·艾伦在《香蕉》中还对当代美国社会充斥的色情予以披露。在该片中，他将主要人物菲尔丁与南希的新婚之夜搬到银幕上，将它置于贪婪的媒体摄像头之下，甚至还让二十世纪七十年代的体育记者霍华德·科塞尔（Howard Cossell）对其中的片段加以评论。就美国社会与私人生活（尤其是那些政要和名流的私人生活）之间纠缠不清的关系而言，该片可谓是一部清晰明了的讽刺剧。由此导致的结果就是，有损于他的诉讼毫不留情地四处散播（艾伦甚至利用了他与哈伦的生活经历）。由于提前预感到事态的恶化，伍迪·艾伦从 1971 年起非常强调私人领域与公众场合的细微区分，并深入反思那些掌控光标之人的意图何在。作为公众人物（电视明星），艾维·辛格也要承担身为名人的烦恼，内心的宁静由此被全然打破，连路上认出他的行人也自以为与他很熟。此外，在纽约的大街上，艾维经常像部出租车一样被人召唤。当一位影迷由于遗忘而询问艾维的名字时，他很不自然却幽默地回答："我是罗伯特·雷德福①。"

　　为了防止贪婪的媒体大加谈论他过去的私人关系（成名之前的生活经历），伍迪·艾伦避开相关的问题，并通过虚构情节来投置诱饵。若说他与基顿的交往在七十年代被媒体公开，导演于是选择将他们的分手拍成一部虚构电影。在两人分手两年后，他推出了著名影片《安妮·霍尔》。其实，在影片开头，艾维·辛格就坦言了情况："安妮和我分手了。"艾伦与基顿在 1975 年分手，1971—1979 年之间导演曾多次请她出演女主角，其中有 1973 年《傻瓜大闹科学城》中的露娜、1975 年《爱与死》中的索尼雅

---

① 罗伯特·雷德福（Robert Redford, 1936—　），美国导演、演员，1980 年执导的处女作《普通人》（*Ordinary People*）曾获奥斯卡最佳导演奖，而 1985 年由他主演的《走出非洲》（*Out of Africa*）还在次年囊括七项奥斯卡大奖。——译者

(Sonja)。甚至在 1993 年，他还请她出演《曼哈顿谋杀疑案》，片中她饰演卡罗尔（Carol）。两人的恋爱历史由此演变为友情故事，就是时至今日艾伦和基顿也始终保持着默契。此外，导演还向斯蒂格·布约克曼透露了他对戴安·基顿的看法："她对我的影响很大。首先，她的直觉十分准确。她运气很好，非常有天赋，人也很漂亮。她会唱歌、跳舞、素描、绘画、摄影、表演……而且也很有自己的主见①。"

绝对的权利

"我要拍下一部影片，但却打不定主意。一天晚上，我和戴安·基顿看完一场棒球比赛后回到住处。睡觉的时候，我们打开电视机看了一会儿，从中知道有个医生刚写了一本名为《性爱宝典》的畅销书……那时我心里就想，'这可以拍成一部有趣的电影②。'"

正是这次偶然的机会，促使了《性爱宝典》在 1972 年的问世。这部由联美公司协同摄制的影片由七个章节构成，在让人捧腹的同时也冒天下之不韪。对于加州精神科大夫大卫·鲁本（David Reuben）撰写的这本畅销书，查尔斯·H. 约菲和杰克·罗林斯从演员埃利奥特·古尔德（Eliott Gould）那里购得版权，深信将其改编电影后的喜剧潜力，并让他们培养的新人伍迪·艾伦全权负责拍摄。对于这部理论著作，导演反其道而行之，淡化其科学严谨性，进而对社会禁忌加以批判，由此受到美国清教主义的严厉

---

① Stig Björkman, Woody Allen, *Entretiens avec Stig Björkman*, op. cit., p. 60.
② Ibid., p. 64.

训斥。在导演一手演绎下，经过混合、研磨、搅拌与探查，性在片中成为了纯粹的喜剧题材。

> "人类的性……它是如此神秘。从某个方面来说，我感觉这也是好事。"
>
> 克利福德·斯特恩（伍迪·艾伦饰）（出自影片《罪与错》）

《性爱宝典》可谓包罗万象，其中涉及反串、恋兽、通奸、鸡奸、射精、女性高潮，导演描绘了诸多观点、行为及本性，并借助笑声去除其神圣的成分。伍迪·艾伦说："我知道写这本书的医生讨厌这部电影。我猜他肯定认为这部电影低俗、愚蠢、幼稚[①]。"他还继续道："我借用了他的问题，却自己提供了答案[②]。"针对生殖器官的性欲，彼得·斯劳特戴克写道："在性解放运动以后，事情变得不太容易，确切来说在生殖器被阐明之后，往往就产生糟糕的意识[③]。"其实，在《性爱宝典》的大部分片段中，都可以看到这种情况，主人公的冲动和欲望经常受挫或贬抑：法布里奇奥（Fabrizio）没法让妻子吉娜（Gina）享受快感，但罗斯（Ross）博士对多利羊（Dolly）怀有的性爱却遭到了法律和道德的谴责。艾伦片中的男性想的越多，他们就越难获得性兴奋和快感。

> "性爱肮脏吗？只有在它做对的时候。"
>
> 伍迪·艾伦

---

① Stig Björkman, Woody Allen, *Entretiens avec Stig Björkman*, op. cit., p. 64.
② Ibid., p. 65.
③ Peter Sloterdijk, *Critique de la raison cynique*, op. cit., p. 200.

　　影片的片头字幕以字母形式逐个出现在白色背景上，好比（时至今日艾伦仍在使用的）打字机逐字敲出来一样；接着，影片字幕在音乐伴奏下出现："却从来不敢问"。该片力图要证明的，也正是这个简短标题的无礼与冒失。对于身为犬儒的艾伦而言，这些低俗、下流的主题从来也不为之过。在《摩登时代》中，卓别林以一群绵羊作为奴性的隐喻开片，而伍迪·艾伦在《性爱宝典》中，则采用几百只白色的兔子开片，采用夸张来调侃性爱的手法不言而喻。这些毛绒动物大规模交配场面的配乐，正是 1927 年科尔·波特推出的歌曲《胡作非为》（Let's Misbehave），这无疑确定了该片的基调与内容导向。本片堪称一枚小型炸弹，上映后仅在美国就获得了一千八百万美元的票房，跻身 1972 年美国最卖座的十大电影之列。

　　在第一小节《春药管用吗?》中，伍迪·艾伦扮演国王的小丑，俨然成为他喜剧生涯的"终极化身"，正如斯蒂格·布约克曼如此写到。此外，他还被让-吕克·戈达尔①相中，并于 1987 年穿同样的戏服出演《李尔王》。在本节中，小丑没能让国王捧腹，因为国王对莎士比亚式的弄臣毫不赞赏，于是小丑决定吸引王后（路易丝·拉瑟饰），并希望她的垂爱比君王更为温柔。于是，他在王后的饮料中加入几滴强劲的春药，让她折服于自己的魅力之下。正当药剂发挥魔力、小丑将要得逞之际，他却被当场捉住：贞操带有两道门，他的手指被卡在里面，而且只有国王一人有钥匙……就如此结束? 显然是个悲剧：手放入内裤里，头送上断头台。

---

① 让-吕克·戈达尔（Jean-Luc Godard, 1930—　），法国与瑞士籍导演，法国新浪潮电影的奠基人，代表作有《女人就是女人》（Une femme est une femme，1961）、《李尔王》（The King Lear，1987）等。

对于头戴绒帽、脖系颈铃的这个男人来说，这是一种象征性的阉割。然而，即便斩首之后，这个丑角的头颅（用破烂玩偶装扮）似乎也始终面带微笑。一种临终前的救赎式苦笑，这是对人生境遇的嘲讽，正如影片《爱与死》中，鲍里斯·格鲁申科在被判死刑时，也依然要找个方式取乐："这里我认为关键的是，不要把死亡看作结束，而是更多地将它看作一种削减个人开支的方式。谈到爱情，又该说什么呢？重要的不是性爱的数量，而是它的质量。另一方面，如果性爱数量低于八个月一次，我就要究其原委了。朋友们，这就是我所要说的。再见！"

由于伍迪·艾伦耐力过人，在拍《性爱宝典》的同时，他还在拍摄《傻瓜大闹科学城》，这是一部未来主义喜剧（导演唯一的科幻作品），他在片中也再次领衔主演。此处，人们会发现该片的法语标题坚持让"伍迪"与"机器人"相遇，这两种实体丝毫不匹配，其做法与卓别林的《摩登时代》如出一辙。相反，电影英文标题的字面意思是《沉睡之人》（*Sleeper*），则更多地强调了片中人物所处的无意识状态，因为他们已被政治宣传蒙蔽心智。伍迪·艾伦对市民的懈怠尤其关注，在此他对德拉博埃蒂①的自愿顺从概念提出质疑，并对顺从的动机和原因从心理学层面加以分析。这是对机器主义的嘲讽吗？然也。不过，《傻瓜大闹科学城》以声明为形式，堪称伍迪·艾伦犬儒主义的影视宣言。一切都清晰可辨：对体制的揭露、乌托邦的危险、政治的荒谬、说教者的愚蠢、人民的盲目和愚民的策略、当权者的贪婪以及富人的放肆，不一而足。当然，他也指责上帝的虚伪。《傻瓜大闹科学城》充满了有

---

① 埃蒂安·德拉博埃蒂（Etienne de la Boetie，1530—1563），法国法官、政治哲学家，曾于1548年撰写《自愿顺从论》（*Cours de la servitude volontaire*）。——译者

关政治和道德的各种插科打诨，影片重新深入思考了《香蕉》中遗留的问题：一场针对自由虚幻与否的终极争论。

> "我对他说，我不相信上帝。叔叔你告诉我，如果上帝存在，为什么这个世界有那么多悲伤和痛苦？为什么有的人会穿越生死，并对因我们死亡的成千上万个微生物毫不关心？为什么有的人患流感会持续几个月之久？为什么日子用数字计算，而非根据字幕顺序分类？叔叔，你回答我，免得我让你吃惊[1]。"

伍迪、上帝与机器人

> "我不知道是否存在上帝。如果存在，我希望他有个很好的理由[2]。"

在影片《性爱宝典》中，伍迪·艾伦尝试了从古典主义到现代主义的不同风格，将影片切分为多个短剧以突显自己的学识。这是一部在内容和形式上都极富娱乐色彩的影片，里面大量采用莎士比亚戏剧、巴洛克美学甚至意大利电影（尤其是米开朗基罗·安东尼奥尼[3]）中的元素。在对政治机构加以嘲讽并消除生殖器的神秘之后，就该轮到对上帝进行拷问了。这种大规模的颠覆破坏（借助嘲笑），它完全可以从露娜对迈尔斯的反问中读出端

---

[1] Woody Allen, *Pour en finir une bonne fois pour toutes avec la culture*, op. cit.

[2] Woody Allen, *Dieu, Shakespeare et moi*, Seuil, collection《Points》, 2009.

[3] 米开朗基罗·安东尼奥尼（Michelangelo Antonioni, 1912—2007），意大利新现实主义电影导演，也是公认在电影美学上最有影响力的导演之一。——译者

倪:"迈尔斯!你有没有意识到 GOD 反向拼写是 DOG?"这难道是将"神"和"犬"结合起来的文字游戏?还有什么能给信徒占绝大多数的美国带来更大震撼吗?还有什么让犬儒主义者们更为欢欣鼓舞吗?倘若译成法语,此处的文字游戏就丧失了它应有的力量。法文需要采用"DIEU"和"LIEU"来押韵,但这无疑违背了作者的原意。此处的法语译文着实难以传达伍迪·艾伦语言的微妙,因为他这里想突显"犬"这个意象。

"他是一个无神论者。我曾打他让他相信上帝,但这太难了。"

维吉尔的父亲(亨利·莱夫[①]饰)(出自影片《傻瓜入狱记》)

1973 年春,在丹佛拍摄的影片《傻瓜大闹科学城》中,艾伦饰演迈尔斯·门罗,此人是格林威治村一家名为"快乐胡萝卜"餐厅的业主。主人公于 1973 年由于胃溃疡住院,他醒来时已是二百年之后,举止可远不如睡美人优雅,他所在的国家也已发生巨变:一个高度器械化的社会,原有价值体系已被彻底颠覆。曾经对健康有益的蔬菜和维生素已不再有益,而白糖、脂肪和烟草如今则益处良多,就连性爱也不再是肉体的而是虚拟的,每个资产阶层家庭的客厅都供奉着一台可以产生性高潮的机器。迈尔斯发现的这个全新的时代让人尤为不安,个体由此被投掷在陌生的环境之中,亦如艾伦在《性爱宝典》短剧"射精时会怎样?"中扮演的精子细胞。

---

① 亨利·莱夫(Henry Leff,1918—2007),美国演员,曾出演《傻瓜入狱记》(*Take the Money and Run*,1969)、《草莓宣言》(*The Strawberry Statement*,1970)等片。——译者

　　"他想知道他在哪里？发生了什么事？/我想是告诉他的
时候了。"

　　医生梅利克（玛丽·格雷戈里①饰）谈及迈尔斯·门罗时
说（出自影片《傻瓜大闹科学城》）

　　冷冻后被白衣大夫起死回生，迈尔斯·门罗来到的这个世界
比自己先前生活的那个世界更加充满敌意。由此，我们相信过去、
现在和未来对艾伦式人物都不太友好，而这些人物随着时间的流
逝，始终无法适应社会。影片中主人公的名字带有两个"M"，作
为遭受诅咒的字母②，这显然是一个诅咒标记。在被当局视为"外
星人"后，迈尔斯成了有人愿出人头价击毙的对象，以便在他留
下痕迹玷污这完美无瑕的风景之前就让他消失，而这个虚拟世界
的线条、呆板和视角让人不禁想到弗朗索瓦·特吕弗的《华氏 451
度》与斯坦利·库布里克③的《2001 太空漫游》。从影片开头起，
观众就明白伍迪·艾伦复活后会对这个未来时空造成动荡，对此
导演通过一系列无声的插科打诨加以呈现，其中主人公四肢失调
在引发一连串灾难（伍迪·艾伦本人编配的音乐与之很协调）的
同时，也让观众笑得前仰后合。

　　"视觉上的插科打诨构思起来并不太难，只是拍摄起来需
要做很多的工作④。"

---

① 玛丽·格雷戈里（Mary Gregory，1925—2005），美国演员，曾出演《傻瓜大闹
　科学城》（Sleeper，1973）、《回家》（Home Comig，1978）等片。——译者
② 在法语中，"诅咒"为"Maudire"，故而本书作者如此加以关联。——译者
③ 斯坦利·库布里克（Stanley Kubrick，1928—1999），美国电影导演，代表作有
　《斯巴达克斯》（Spartacus，1960）、《2001 太空漫游》（2001：A Space Odyssey，
　1968）等。——译者
④ Stig Björkman, Woody Allen, *Entretiens avec Stig Björkman*, op. cit., , p. 74.

　　由于没有生物统计学身份，迈尔斯于是被反对派选定去渗透政府，并从内部曝光其行径。在身不由己卷入这项超现实主义任务后，他被警署的警报声包围，这种噪音在《傻瓜入狱记》中也同样熟悉。在经过一连串意外事件之后，迈尔斯在露娜（伍迪女郎）的帮助下发现了其中的秘密：独裁专制没有独裁者。在一场爆炸中牺牲后，独裁者只剩下一个鼻子（不禁让人想到果戈理①）。科学家们试图秘密克隆这个鼻子，好让受人敬仰的领袖复活。幸运的是，迈尔斯在为时过晚之前夺得这个器官，并由此挽救了这个国家。算是一个小英雄。迈尔斯深知太平时期很短，因为另一位领袖会立即占据这个空位，一切仅此而已……瞎子国之中，独眼龙称王。在这个具有灾难片特征的科幻寓言故事里，独眼龙无疑是迈尔斯·门罗。这个来自过去的男人，即使只有一只眼睛，他也比别人看得更远。对于犬儒固有的这种明锐，儒勒·德·戈尔捷（Jules de Gaultier）认为，犬儒拒绝"让自己被集体建议欺骗，然而其他人却积极参与其中……奉行犬儒主义，简单来说就是进行分析，并通过揭示花招而将它拆穿，这些花招作为动因又随机得到实施和运作②"。出人意料的是，迈尔斯的壮举在影片结尾时为他赢得了露娜的香吻，因为她瞬间已被眼前的这个可笑的人物吸引，这和詹姆斯·邦德俘获香吻如出一辙。

　　除东倒西歪的身体之外（电影开头片段确保了他足智多谋的性格特点），迈尔斯是个头脑坚决的人（正如他乔装混入其中的那些机器人）。这个人拒绝与其他人站在同一个立场，且不论是被执掌国家政权的威严大哥洗脑的人群，还是那些迷惑反动派领袖艾

---

① 果戈理（Gogol, 1809—1852），俄国作家，著有短篇故事《鼻子》和长篇小说《死魂灵》等。——译者

② Jules de Gaultier, *Comment naissent les dogmes*, Mercure de France, p. 128.

尔诺（Erno）的暴徒，用迈尔斯的话，这位领袖具有"普鲁士北欧雅利安纳粹"面貌特征。没有边界，没有党派，只有自己。在已经无法取信于人时，又让人如何去相信上帝呢？因为在《傻瓜大闹科学城》中，正是人类一手造成世上理想的幻灭，这双布满皱纹的手竟然伸向苍天祈求宽恕。然而，从道德角度来看，这种虚幻的宽恕与罪过也并无二致。

> "一切都是虚无。我从来不相信上帝。在我还是个孩子的时候，我就不相信。我记得以前自己总是想，即便上帝存在的话，他做工作如此糟糕，真奇怪人们居然没有联合起来向他提出集体诉讼。'"
>
> 鲍勃·丹德里奇（艾伦·艾尔达饰）（出自影片《人人都说我爱你》）

谈论惩罚的人讲监狱，谈论原罪的人讲地狱和天谴。伍迪·艾伦前四部电影中的主人公对于惩罚毫不在乎，这与他们周围的人群形成了鲜明的对比。迈尔斯以"神学存在主义无神论者"自我定位，他将上帝视为束缚个人行动自由与意愿的可怕羁绊。他不相信存在什么造物主来支配我们每个人应该扮演的角色；他相信自由意志、精神力量、好运与厄运，且尤其相信"性爱与死亡"。在几年后推出的《怎么都行》中，霍华德·卡明斯基（克里斯托弗·伊万·韦尔奇①饰）也直言不讳地表达了相同看法：简而言之，"上帝是个陪衬"。伍迪·艾伦在片中的巧妙作答，在挑战

---

① 克里斯托弗·伊万·韦尔奇（Christopher Evan Welch, 1965—2013），美国演员，曾出演伍迪·艾伦的影片《爱在巴塞罗那》（*Vicky Cristina Barcelona*, 2008）。——译者

神圣观念的同时，也通过简单的妙语破除了根深蒂固的迷信。正如《怎样都行》中梅洛迪（埃文·蕾切尔·伍德①饰）喊道："不，上苍没有人！"这尖厉之中无疑透露着伍迪·艾伦的声音。

既然一切都没有意义，伍迪·艾伦在《傻瓜大闹科学城》的几个片段中，便对苦厄与严肃大加嘲笑。当一位大夫就过往事件以及某些历史名人询问迈尔斯时，他以自己的方式加以阐发："这是约瑟夫·斯大林，他是个共产主义者。我不太喜欢这个人。他的胡子很糟糕，还有许多坏习惯……这是夏尔·戴高乐，他是非常有名的法国厨师。他有自己的电视节目，在里面教人如何制作蛋奶酥和煎蛋卷……这是葛培理②，他宗教生意做得很大，与上帝私交很好……"多么绝妙的历史课！然而，鉴于询问者无动于衷，并对其中的反讽毫无察觉，所以他才可以嘲笑一切，不过这要看对方系何人。多年脱口秀的经历让他明白：喜剧演员的质量等于收视率。《傻瓜大闹科学城》滑稽而冷酷，它标志着电影对人类心理深入探究的第一个重要阶段。处于一个在建筑、工业、文化和思想上都发生变革的时代，伍迪·艾伦作为目击者着实心痛，他在《傻瓜大闹科学城》做了最坏的设想：世界在向前发展时却在向后退步，正如片中他醒来后坐在电动转椅中的场景。不论是迈尔斯还是伍迪，他们都声称往昔的岁月更加美好，正如丹尼斯·阿康特③所言，他们也只是察觉到了美国社会的衰败而已。然而更糟糕的是，在社会发展过程中，人类也将丢失善良、仁慈、情感等诸

---

① 埃文·蕾切尔·伍德（Evan Rachel Wood, 1987— ），美国女演员，曾出演《欲海情魔》（*Mildred Pierce*, 2011）等。——译者
② 葛培理（Billy Graham, 1918— ），美国著名基督教福音布道家，著有《喜乐的秘诀》（*The Secret of Happiness*, 1955）、《如何重生》（*How to Be Born Again*, 1977）等书。——译者
③ 丹尼斯·阿康特（Denys Arcand, 1941— ），加拿大导演、剧作家和制片人，曾执导《美帝国的衰落》（*Le Déclin de l'empire américain*, 1986）。——译者

多特征。

"生命没有任何意义。没有任何东西能永存于世。即便是莎士比亚的作品，在宇宙爆炸的时候也会化为乌有①。"

命运的反讽

"在我看来，本性就是蜘蛛吃昆虫，大鱼吃小鱼，植物吃植物……就好比是一个巨型餐厅，这就是我的看法。"

鲍里斯·格鲁申科（伍迪·艾伦饰）（出自影片《爱与死》）

仅在四年之内就推出四部电影，这种荣耀无可置疑。针对伍迪·艾伦取得的成功，格劳乔·马克斯给出的那句评论在 1973 年则具有了真正的意义。在撰写剧本并担任导演的同时，这位戴眼镜的喜剧大师每周一晚上都出现在纽约的迈克尔酒吧（Michael's Pub），吹着单簧管为爵士乐伴奏。对于这位不断移动的导演来说，这才是他真正呼吸的氧气。与此同时，艾伦也开始接受精神分析，这次治疗持续了十五年之久。"我年轻的时候碰到过一些麻烦，我想看看自己是否能走出这个阴影。此后，我在精神分析和精神治疗之间周旋了很多年，时而继续时而终止，效果也时好时坏。有时我认为这多少有点用，有时我又感觉从中得不到什么东西②。"

在 1975 年推出的《爱与死》中，影片涉及了弗洛伊德、爱情、

---

① Woody Allen, *Destins tordus*, Robert Laffont, collection "Pavillons Poche", 2006.

② Stig Björkman, Woody Allen, *Entretiens avec Stig Björkman*, op. cit., p. 44.

死亡、性爱与上帝。正如弗洛郎斯·科隆巴尼写道，这部影片"表明他对世界名著了如指掌[1]"，艾伦借此向自己钦佩的伟大作家致敬，而他从青少年时代起就接触到了这些作家。正如托尔斯泰的《战争与和平》，该片的故事情节也发生在拿破仑战争时期的俄国，那是一个残忍、恐怖、冷漠与阴险的年代。该片叙述了一个三角恋爱故事，鲍里斯爱着索尼雅，而索尼雅却爱着鲍里斯的哥哥伊凡（Ivan）。不过，索尼雅最后还是嫁给了鲍里斯，他变成了从战场上凯旋的英雄，因为他那出奇的笨拙反而救了自己的性命。这部存在主义的浪漫喜剧，情节巧妙而可笑，里面的对话更是精彩绝伦，正如以下鲍里斯与索尼雅之间的对话所示："但对任何体系的评判或现象之间的因果关系，它在理性、玄学或至少是现象学上与抽象先验概念比如存在、生存、内部发生或自我发生都存在着矛盾。"索尼雅解释说。面对这些深奥的言辞，鲍里斯的回答则甚为简洁："没错！这我说过很多遍了。"

在伍迪·艾伦的作品中，行动与讨论之间的迟疑始终困扰着片中的男主人公，使他们彷徨于两种抉择之间。对此，影片《爱与死》中鲍里斯与死神展开对话的那个片段便是个明证，这显然出自英格玛·伯格曼的《第七封印》，让人以为死神不是在与人讨论，而是被彻底击垮。诚然，谈话为艾伦的人物赢得了时间，显然言语多少推迟了悲剧性死期的到来。死神对鲍里斯说："你是个有意思的年轻人。我们后会有期！"对此，鲍里斯答道："不用麻烦了。"其实，以下引述的伍迪·艾伦的话语对此给出了完美的诠释："我并不是真的怕死，而是在死亡来临时，我还不想去那里。"悲观主义？非也。实用主义？然也。

---

[1] Florence Colombani, *Woody Allen*, Éditions des Cahiers ducinéma, collection 《Grands Cinéastes》, 2007, p. 36.

在《爱与死》中，伍迪·艾伦对意义、本质、美学等名词加以反思，并将他对人生直接与比喻式的诠释以及他的喜悦、痛苦和荒诞搬上银幕。因为该片包含了诸多层面，其内容构思要比导演以往的喜剧片更为充实，而他本人也趋于歌颂昔日的欧洲，而非像大部分同行那样选择放眼美国西部及其文化模式。此外，他对摄像寄予的重视也尤其值得关注。对于影片摄像细腻的处理，艾伦将之归功于法国著名摄像师吉斯兰·克洛凯①（作品有《驴子巴尔塔扎》②《柳媚花娇》③与《夜与雾》④）。他对斯蒂格·布约克曼说："我之所以在国外拍摄这部影片，其中的原因很明显，因为故事发生在欧洲。制片人坚持让我去匈牙利拍摄主要的场景，因为那里可以减少开支。于是，我去了那里，并招募到出色的法国团队⑤。"此外，导演还补充道："从《傻瓜大闹科学城》开始，我对影片的视觉效果更加敏感。自此，我对自己影片的图像质量越来越感兴趣⑥。"

　　　"过去电影以美式组织进行，也即拍摄十分专业且毫无缺

----

① 吉斯兰·克洛凯（Ghislain Cloquet，1924—1981），比利时裔法国摄影师，曾与多位国际导演合作拍摄影片。——译者
② 《驴子巴尔塔扎》（*Au Hasard Balthazar*），1966 年由罗伯特·布列松（Robert Bresson）执导的影片，主角为一头名为巴尔塔扎的驴，影片透过驴的眼睛冷静地注视这个世界，讲述了驴在不同人手中被虐待、贩卖至最终被杀的故事。——译者
③ 《柳媚花娇》（*Les Demoiselles de Rochefort*），1967 年由雅克·德米（Jacques Demy）执导的音乐剧，讲述了一对孪生姐妹迪芬与苏兰各自的爱情故事。——译者
④ 《夜与雾》（*Nuit et Brouillard*），由阿兰·雷奈（Alain Resnais）于 1955 年执导的电影短片，揭露了纳粹集中营中的残忍暴行。——译者
⑤ Stig Björkman, Woody Allen, *Entretiens avec Stig Björkman*, op. cit., p. 75.
⑥ 此文为 Woody Allen 接受 Nathalie Gittelson 访谈时所言，全文见《纽约时报》，1979 年 4 月 22 日。

陷。设备如期运转，团队按部就班。于是，现场的主导氛围就极其礼貌与轻松①。"

然而，若说《爱与死》在艺术上获得了成功，它在美国却没能产生《傻瓜大闹科学城》那样令人捧腹的轰动效果。尽管片中喜剧元素十分明显，然而影片的晦涩片段以及他在片中提出的那些玄学问题，它们多少撼动了美国观众与伍迪·艾伦喜剧片的关系。针对这个问题时，导演多少有些失望："《爱与死》是最能表达我的情感，也最搞笑的一部电影，然而大部分观众却不以为然②。"1973—1974 年是伍迪·艾伦职业生涯中的转折点。若说艾伦无从继续证明自己身为喜剧导演的特质，他其实也在寻找突破。1976 年，他出演马丁·里特（Martin Ritt）指导的影片《正面交锋》（*The Front*）。之所以出演该片，完全是因为他对电影主题（痛苦不堪的麦卡锡主义时代）颇感兴趣。片中他饰演了侍者霍华德·普林斯（Howard Prince），出于对列入黑名单剧作家友人的情谊，他甘愿替人受罚。然而，这项壮举最终使霍华德锒铛入狱，因为他以言辞"去你妈的"向盘问他的非美活动调查委员会（HUAC）加以反击。

＊　＊　＊

"我不想创作自己两年前拍摄过的这类剧本。因为我需要前进，而非满足于原地踏步。我总希望公众喜欢我的电影，但我不应该落入这样的陷阱，即做任何事情都只为讨人喜欢。

---

① 此文为 Ghislain Cloquet 接受 Gilles Cebe 访谈时所言，全文见《银幕》（*Écran*）杂志，1979 年 6 月 20 日。
② 此文为 Woody Allen 接受 Ira Halberstadt 采访时所言，全文见《取一份》，1978 年 10 月，第 6 卷，第 12 期。

这样的话，还不如招人厌恶的好①。"

　　之后，伍迪·艾伦又动笔写作，他与《傻瓜大闹科学城》的剧本创作马歇尔·布瑞克曼（Marshall Brickman）再次合作，完美地将所有滑稽形式融于一体。《傻瓜大闹科学城》中的迈尔斯迈向未来，《怎样都行》中鲍里斯返回过去，而《安妮·霍尔》的主人公艾维·辛格则属于现在。片中他身穿系皮带的灯芯绒长裤、T 恤衫和带护肘的西装，完全一个地道的纽约人，生活在现实世界之中。在 1977 年推出《安妮·霍尔》之后，很多人说这是伍迪·艾伦最"成熟"的一部电影，体现了他从二十世纪六十年代以来积累的所有专业知识和经验。影片情节感人、表现力强，关注人物内心、风格独特，它在为伍迪·艾伦的事业吹去一股春风的同时，也为广大影迷的内心送来一缕温馨，而导演也由此在浪漫喜剧史以及世界电影史上都留了难以比拟的印迹。

　　1978 年，《安妮·霍尔》荣获最佳影片、最佳导演、最佳原创剧本以及最佳女主角四项奥斯卡奖。真是至高荣誉！在公众看来，这是电影行业对伍迪·艾伦的嘉奖。然而，这个人却不是好莱坞影业公司和他们体制内的产物，并且还像他人嘲笑自己第一次穿短裤那样嘲笑这个奖项。对此，比利·怀尔德②表示："荣誉和奖项就好比是痔疮，无论什么样的屁股最终都会有。"艾伦还向他透漏："我知道这看起来可恶，但《安妮·霍尔》获得奥斯卡对我来说毫无意义。我对这类颁奖典礼丝毫不在乎，我甚至怀疑他们是否知道自己到底在做什么。"颁奖典礼上，导演没有出席。他宁可

---

① Eric Lax, *Entretiens avec Woody Allen*, op. cit., p. 87.
② 比利·怀尔德（Billy Wilder, 1906—2002），美国导演、编剧，曾执导《双重保险》（*Double Indemnity*, 1944）、《七年之痒》（*Seven Year Itch*, 1955）等片。——译者

喜欢在酒吧度过每周一次的晚会（他几乎从未缺席），也不愿与那些搽粉抹脂、衣着光鲜的社会名流交往。面对迈克尔酒吧，钱德勒剧院（原柯达剧院）魅力再大也没能让他动心："任何成功、任何荣誉也不能减轻我与生俱来的忧郁。请相信我，这就是我的损失①!"

---

① Eric Lax, *Entretiens avec Woody Allen*, op. cit., p. 129.

第 *3* 章

"第一章"①

> "我喜欢获取真正的东西，因为对我来说这是个全新的开
> 始。我认为公众现在对我个人过于关注，所以我不想继续表
> 演脱口秀，并消失在那些精明小品的背景之下。我想拍真实
> 的故事，但同时也要有趣②。"
>
> 伍迪·艾伦

在戴安·基顿还是个孩子时，她被取名为"安妮"，但她真正
的姓为"霍尔"，这为伍迪·艾伦拍摄一部新片带来了灵感。这部
真实的虚构作品（其中的自传成分无可否认）探讨了爱情，或更
确切说，爱情如何萌生、成长继而消亡的过程。导演刻意切断这
个发展轨迹，由此打乱片中这对情侣关系之中最美与最坏的时间
界限。这对情侣的初次相识、他们的争吵、他们的性爱、他们的
外出、他们的傻笑、他们的弱点、他们的分手，影片毫无保留地

---

① 影片《曼哈顿》开片时，艾萨克·戴维斯以画外音最先说的言语。
② Eric Lax, *Entretiens avec Woody Allen*, op. cit., p. 86 - 87.

将所有这些阶段混合起来。影片首次剪辑后，片长两小时三十分，在剪辑师拉尔夫·罗森布拉姆①的建议下，伍迪·艾伦决定大刀阔斧地剪切，他去除了讲述艾维·辛格两位前妻的冗长片段，从而集中在安妮这个人物丰富的性格上面。在合作制片人的建议和劝告下，艾伦对影片的改动很大，并对批评持开放态度，因为正是这种批评促使他去自我反思。艺术家意欲做得更为出色，由于不想重蹈早年概念喜剧的旧辙，他更倾向于逐步采用其他表达形式，并对不同的空间处理和剪切方式加以考虑。

尽管艾伦与基顿的爱情于 1975 年终结，但片中这对情侣的爱情却不可抗拒地天长地久。艾伦与马歇尔·布瑞克曼合作撰写了《安妮·霍尔》的脚本，此后他用了两个月的时间去拍摄纽约的街道、餐厅、博物馆和公寓，对于一个以速度闻名的导演来说，这在当时已经创下了纪录。对于以前的电影，他格外关注人物对话与搞笑情节，但对《安妮·霍尔》而言，他表现出的专注和热情较以往可谓有过之而无不及。不论是在剧本创作，还是在剪辑、摄像（戈登·威利斯亲自操刀）、角色、情景、特技上，影片都令全世界的观众为之心醉。这种真实与虚构的映照产生了出神入化的效果，观众在直接召唤与摄像机镜头作用下卷入其中，从而与影片人物建立起亲密而独特的纽带。所有的观众无疑都成了见证人，而我们也成了伍迪·艾伦及其人物艾维·辛格的宾客。我们乘上过山车，轰隆驶过主人公童年的住所，感受每个景点的震撼；我们穿梭时空回到过去，但现在依然还是这番景象。

"我在布鲁克林长大，那里离康尼岛既不太近也不太远。康尼岛过去是个大型游乐园，在当时非常出名。在我还是个孩子的时

---

① 拉尔夫·罗森布拉姆（Ralph Rosenblum, 1925—1995），美国电影剪辑师，曾与西德尼·吕美特和伍迪·艾伦先后合作多年。——译者。

候，游乐园就有点衰败，但仍然在运营。我在那里玩过很多次……我于是将艾维的出生地移至附近。这个印象实在太深刻了①。"

在拍摄《安妮·霍尔》期间，伍迪·艾伦与公众拟定了这种有名的真假自传条款，我们在本书引言中已经对此加以评述，而且导演在以后的影片中将始终采取这种手法。因为，在第三章开头的引文中，正是"真实"这个词吸引了我们的注意。然而，正如导演热衷讲述的变化那样，"真实"这个概念早已被误解和扭曲。弗郎斯·加尔②在歌曲中唱道，应该不要和女孩瞎混，而艾伦自《安妮·霍尔》之后也不再插手多段式电影，由此开创了一种全新的叙述体系和电影摄制方式。这种手法的起源不仅可追溯至伯格曼、特吕弗、布努埃尔③和费里尼，甚至与鲍勃·霍普也并不遥远。在查尔斯·H. 约菲和联美公司的资助下，伍迪·艾伦用四百万美元的预算拍摄了这部电影，该片仅在美国就斩获三千八百万美元的票房业绩。法国人对《安妮·霍尔》更是赞誉颇多，当年观众人数居然超过一百万。第四墙壁的瓦解（摄像视角与省略）、影片独特的结构、精彩的人物对话以及每个情节透出的诗意，这些都为伍迪·艾伦的电影提供了全新的维度，而他也在毫无预见的情况下步入伟大导演之列，由此为个人内心的争论与疑惑提供了养分来源。

---

① Stig Björkman, Woody Allen, *Entretiens avec Stig Björkman*, op. cit., p. 82.

② 弗郎斯·加尔（France Gall, 1947—　），法国上世纪六十年代流行歌手，曾于1965 年在欧洲歌唱大赛上夺冠。——译者

③ 路易斯·布努埃尔（Luis Bunuel, 1900—1983），西班牙著名影视导演，代表作有《黄金年代》（*L'Âge d'or*, 1930）、《自由的幽灵》（*Le Fantôme de la Liberté*, 1974）等。——译者

"我本能地感觉到，如果我直接与观众对话，并谈论自己的私人问题，就会让他们发生兴趣，因为我知道观众里的许多人有过同样的情感和同样的问题①。"

戴安·基顿及其他女性

"她必须更名为基顿，这是她母亲的小名，因为演员联合会中正好有个戴安·霍尔②。"

戴安·霍尔出生在阳光明媚的加利福尼亚州，这与艾伦生活的纽约那种灰暗天气全然不同。作为家里的长女，戴安有弟妹四人，全被以天主教的方式抚养长大。她的母亲在二十世纪五十年代曾获得洛杉矶小姐的称号，而戴安从小就梦想成为演员，并被凯瑟琳·赫本③等女性的美丽和才华深深吸引。在圣安娜高中读书时，她参加过学校的多场戏剧演出，曾在《欲望号街车》中扮演布兰奇·杜波依斯（Blanche Dubois）。然而在《傻瓜大闹科学城》中，面对身穿男性衬衣扮演斯坦利·考沃斯基（Stanley Kowalski）的戴安·基顿时，艾伦却头脑发热开始默背布兰奇的台词。这种角色、服装和性别的反串，从一开始就让基顿成为伍迪·艾伦在银幕上塑造的主要女性喜剧演员，还暂且不说她的女性魅力。"我

---

① Stig Björkman, Woody Allen, *Entretiens avec Stig Björkman*, op. cit., p. 81.

② Ibid., p. 88.

③ 凯瑟琳·赫本（Katharine Hepburn, 1907—2003），美国影视演员，因出演《清晨的荣誉》（*Morning Glory*, 1933）、《猜谁来赴晚宴》（*Guess Who's Coming to Dinner*, 1967）和《冬狮》（*The Lion in Winter*, 1968）而多次获得奥斯卡最佳女主角。——译者

将她塑造成了巴斯特·基顿式的女主角，彼得·波格丹诺维奇①也注意到这点，而且他也很有道理。卓别林的女主角都是理想化人物，而基顿的女主角都很傻气，他与她们在火车上相逢，她往火堆上扔木片，而他则照看着她。我希望塑造一个更为基顿式的戴安·基顿②。"

然而，在拍摄《安妮·霍尔》时，导演采取了完全不同的策略。对此，他本人也加以承认："安妮·霍尔无疑是我创作的第一个真正重要的女性人物③。"在拍摄过程中，女主角自我选定了她的所有服装，由此赋予了人物独一无二的特色：宽长裤、白衬衣、运动服、领带和帽子。

继安妮之后，伊夫（杰拉尔丁·佩姬④饰）、玛丽（戴安·基顿饰）、特雷西（玛丽埃尔·海明威⑤饰）及多瑞（夏洛特·兰普林⑥饰）等女性人物都在艾伦式男主角的生活中扮演了重要的角色，由此让他们反思个人的矛盾、持续的不满、内心的邪恶以及不定的床笫热情。在与异性交往中，不论是艾维·辛格、艾萨克·戴维斯（《曼哈顿》）还是桑迪·贝茨（《星尘往事》），他们都没找到恰当的步调。幸福转瞬即逝，情感难以琢磨，并最终消失

---

① 彼得·波格丹诺维奇（Peter Bogdanovich, 1939— ），美国导演、制片人、编剧，代表作有《最后一场电影》（*The Last Picture Show*, 1971）。——译者

② Eric Lax, *Entretiens avec Woody Allen*, op. cit., p. 393 – 394.

③ Guillaume Evin, *Woody Allen, un ovni à Hollywood*, Trimée Éditions, collection 《Histoire et Civilisation》, 2008, p. 96.

④ 杰拉尔丁·佩姬（Geraldine Page, 1924—1987），美国著名女演员，曾出演《青春小鸟》（*Sweet Bird of Youth*, 1962）和《内心深处》（*Interiors*, 1978），并多次获奥斯卡最佳女主角。——译者

⑤ 玛丽埃尔·海明威（Mariel Heminway, 1961— ），美国女演员，作家海明威的孙女，曾出演伍迪·艾伦执导的《曼哈顿》。——译者

⑥ 夏洛特·兰普林（Charlotte Rampling, 1946— ），英国女演员，曾出演伍迪·艾伦执导的《星尘往事》（*Stardust Memories*, 1980）和安德鲁·海格（Andrew Haigh）执导的《四十五年》（*45 years*, 2015）。——译者

在人海。于是伍迪·艾伦片中的女主角，她们都参与到导演对于诺言、爱情、性爱、幸福提出的基本问题之中。换言之，正是她们体现了他作品（影视、文学与戏剧）中的言辞、政治、社会和性爱矛盾。此时，这已是二十世纪七十年代末期。

> "在我最初写作时，我只能以男性视角写作。我就是那个男人，每个场景都从男性的视角加以审视。但我的写作方式逐渐发生了变化，我也不太明白其中的缘由……之后就有了这些女性形象。如果你回顾过去十五年我塑造的女性人物，如《内心深处》《汉娜姐妹》和《情怀九月天》中的母亲和姐妹以及我为戴安·基顿和米娅·法罗创作的角色……这些女性人物总是居于中心地位。我也不知道何时缘何发生了这种变化，但有些事情确实发生了变化①。"

特殊与普遍

> "我之所以喜欢电影，是因为我可以做自己想做的东西②。"

由于艾伦式人物追求享乐，所以他才遭受挫败的痛苦。若说他想得到一切，他并不能拥有一切，只能让无法实现的愿望从手中溜走，正如安妮握着艾维的手最终尽力将其抓紧那样。在继《安妮·霍尔》之后推出的《内心深处》中，这种失落感将从物质

---

① Stig Björkman, Woody Allen, *Entretiens avec Stig Björkman*, op. cit. , p. 91.
② Ibid. , p. 93.

和情感上得到实质性的剖析。

对伍迪·艾伦的职业生涯来说，1978 年是关键的一年。他决定从今往后只关注电影，而别无他物。他告别了曾为之撰稿数年的《纽约客》，并与为他出版三本故事集的兰登书屋终止了合同。当时，他在《纽约时报》中宣告"我会摸索着前进"，并坦承自《安妮·霍尔》大获全胜以来，烦躁已经占据了他的内心。为免于在重压之下精神崩溃，他决定不在《内心深处》中出演，第一次从参与拍摄的演员（山姆·沃特森①、E. G. 马歇尔②、杰拉尔丁·佩姬）之中自行消隐。他在片中还为戴安·基顿写了名为雷娜塔（Renata）的角色，以便让她留在自己身边，因为她能带给他微笑、勇气和力量。《内心深处》是一部带有浓厚北欧特色的影片，它风格庄严、情节缓慢，正如导演对斯蒂格·布约克曼所言，这是一部"最高级别的正剧③"。

> "《内心深处》几个月后，一天我坐在家里，自己突然就想：我是不是犯错了？鉴于我对外国电影的接触和对人物台词的敏锐，我写的台词是不是和外国电影字幕一样？比如当你看伯格曼的影片时，你其实是根据字幕在读电影。在读的过程中，台词具有特定的节奏。我担心自己的耳朵对类似字幕的台词过于敏感，由此这些台词也只为人物而写。对此我很担心。我也从来没解决这个问题，我也不知道④。"

---

① 山姆·沃特森（Sam Waterson, 1940—　），美国演员、制片、导演，曾出演伍迪·艾伦执导的《情怀九月天》（1987）。——译者
② E. G. 马歇尔（E. G. Marshall, 1914—1998），美国演员，曾出演《内心深处》（*Interiors*, 1978）和《超人 2》（*Superman II*, 1980）。——译者
③ Stig Björkman, Woody Allen, *Entretiens avec Stig Björkman*, op. cit., p. 98.
④ Eric Lax, *Entretiens avec Woody Allen*, op. cit., p. 108 - 109.

受安顿·契诃夫①的《三姐妹》和英格玛·伯格曼的《呼喊与细语》启发，伍迪·艾伦在《内心深处》讲述了三个成年姐妹面对父母突然离婚的故事。这次事件让早已飘摇不定的家庭平衡处于崩溃的边缘，因为这三个女儿的母亲已经患上严重的抑郁症。该片中的人物情感全然不像《安妮·霍尔》中那样迸发，故而在娱乐上自然也不存在什么共鸣。影片风格、音乐和基调的转变造成了显著后果，它让观众无所适从，所以他们在《内心深处》推出后对该片的接受也极为普通。伍迪·艾伦难以忍受这样的失败，正如之前的引述所示。与此同时，他在联美公司的自由也因阿瑟·克里姆（Arthur Krim）的离职而受到牵连，此人之前对导演的个人利益甚是照顾。让伍迪·艾伦忌惮的另一个原因是，他需要纯粹的行动自由，而非在整体上妥协。对此，他本人曾说，"妥协的药丸总是很难让人吞咽②。"

　　"人们备感吃惊与失望，因为我中止了与他们隐约达成的合约……当他们喜爱的笑星自命不凡地尝试这样的东西，并抛给他们这样一部正剧，人们必定甚为恼怒……这是我第一次尝试正剧，但人们却不太宽容。有人甚至指责我没有坚定的信念③。"

在《内心深处》中，导演为自己的电影打上个人风格的烙印，尝试了其他人不敢尝试的东西：拍摄他想拍摄的电影，而非他应该

---

① 安顿·契诃夫（Anton Tchekhov, 1860—1904），俄国作家，一生创作了许多优秀的短篇小说，与莫泊桑和欧·亨利一起被誉为"世界三大短篇小说家"，《三姐妹》（1901）是他创作的一部四幕剧。——译者

② Stig Björkman, Woody Allen, *Entretiens avec Stig Björkman*, op. cit., p. 113.

③ Ibid., p. 97 - 98.

拍摄的电影（取悦观众、聚敛钱财、确保票房第一的业绩，等等）。若说伍迪·艾伦明白活着就要吃饭的道理，他当时也并未落魄到被迫拍摄商业片增加月薪的地步，这与 2002 年推出的影片《好莱坞结局》中的瓦尔·韦克斯曼完全不同，该片人物由于没有影片拍摄合同，为买除臭剂不得不接拍广告短片。尽管《内心深处》在美国遇冷，然而导演还是追随着自己的道路，继续向他喜爱的电影致敬，并寻找着个人艺术上的感官体验。继《安妮·霍尔》之后，尤其是他八十年代的作品，它们从未缺少过批评，至少从艺术上来说如此。在《内心深处》中，影片戏剧风格有所改变，片中严肃替代了之前的搞笑，似乎是为了对抗贪求齐全的倾向。具体来说，导演在该片中提出了"自我与世界、特殊与普遍难以调和[1]"的问题，这尤其体现在片中人物伊夫身上，他的精神病一方面影响了他与现实的关系，另一方面影响了他与现实中其他人的关系（他的自杀是个人悲剧的结果）。正如后来影片《曼哈顿》中艾萨克·戴维斯躺在沙发上自我发问那样："为何人生值得活下去？"

　　"我行事基本不分析其中的内容和原委。只有在事后，我才会进行推理思考[2]。"

　　若说《内心深处》对于契诃夫与伯格曼的引述显而易见，那么导演提取的素材也很私密：影片涉及路易丝以往的家庭问题，因为她的母亲在精神病医院接受几次治疗后，最后又结束了自己的生命。他的前妻向他吐露的这些创伤理应影响了他们的恋爱关系；

---

[1] Michel Onfray, *Cynismes. Portrait du philosophe en chien*, op. cit. , p. 91.

[2] Eric Lax, *Entretiens avec Woody Allen*, op. cit. , p. 101 - 102.

他在片中描绘了每个女性人物遭受的创伤，并将神经症及其导致的内外后果加以区分。若说对伍迪·艾伦来说，幽默是捕捉时间的一种方式，那么戏剧则是永远的目标。他曾向埃里克·拉克斯坦言，他与片中人物伊夫遇到过类似的问题："我感觉在整个一生之中，我都有点抑郁病灶。我没有那种所谓的'临床性'抑郁，那会让人尝试自杀。但我有轻度的抑郁，就像始终亮着的指示灯那样。这么多年来，为走出这种抑郁状态，我采取了很多策略来进行调整，这包括工作、人际和娱乐上的各种策略①。"

"人可以获得的唯一绝对真理，是人生没有任何意义。"

托尔斯泰（出自影片《汉娜姐妹》）

将城市当作游乐场

"第一章 他与自己喜欢的城市一样刚健而浪漫。在他的黑框眼镜下面，盘绕着丛林花豹的性欲。这个我喜欢。纽约是他的城市，而且永远都是。"

艾萨克·戴维斯（伍迪·艾伦饰）尝试创作的小说的开端（出自影片《曼哈顿》）

在《内心深处》中，伍迪·艾伦给人一种孤僻的感觉，这与安妮·霍尔将艾维喻为一座小岛的说法不谋而合："你的生活就是纽约城。你和这座岛一样自我封闭。"然而在随后这部影片中，导演决定采用广角视野。片中他与纽约重建纽带，而这座城市也成

① Eric Lax, *Entretiens avec Woody Allen*, op. cit., p. 137.

为他心脏跳动的共鸣箱。自从他与马歇尔·布里克曼将想法落于笔端,《曼哈顿》的项目就令他眼前一亮,而他凭借该片也可以为混乱的 1978 年画上完美的句号。与之矛盾的是,在该片的拍摄过程中,梅丽尔·斯特里普[①]等演员却坦言,导演的缄默让他们感觉不知所措,因为他关注的明星是这座城市,而非参与影片摄制的明星。这些牢骚没有妨碍艺术家对外景的关注,他在伺机采用最新摄制手法的同时,也接触到了他尝试使用的技巧(如错格、持续连拍、人物入景、移位等)。

在《理想国》中,柏拉图勾勒出一个公正、统一而有节制的城邦。在这个城邦中,谎言是权贵的特权,不公是灵魂的顽疾。与之相反,艾伦所熟知的这座城市,它毫无柏拉图所言的才智、美德与和谐。作为城市荣华衰落与大众愚昧无知的见证人,他从这座城市之中愈发看到了柏拉图所言的洞穴隐喻。对伍迪·艾伦来说,电影再次使他得以超越生活认知的局限,而他当然也有超越的胆识。对于"这座不夜城",他敢于畅想并将自己的艺术与浪漫视角投射在世界的银幕上,进而成就了《曼哈顿》。为了更好地再现这座梦幻城市的魅力,伍迪·艾伦与首席摄影师戈登·威利斯决定采用 35 毫米黑白胶卷以宽银幕方式(2.35:1)来拍摄《曼哈顿》,由此使这座城市成为"膜拜符号"。正如格什温的《蓝色狂想曲》,影片以欢庆的烟花开场,这完全是对这个城市(拟人处理)恰当而有力的爱情宣言。在烟花爆破之前,一辆火车驶入隧道(参考阿尔弗雷德·希区柯克的《西北偏北》),毫不掩饰这热情澎湃的高潮。

"这正是我始终梦想的城市。人们经常问我它的真相为何物?

---

① 梅丽尔·斯特里普(Meryl Streep, 1949—),美国女演员,曾出演《苏菲的抉择》(*Sophie's Choice*, 1982)、《廊桥遗梦》(*The Bridge of Madison County*, 1995)等片。——译者

它在何处？为何它与其他导演如斯科塞斯①描绘的城市一点也不像？今天，人们也对我最近以巴黎为主题拍摄的影片说着同样的话。这的确非常神奇。我从二十世纪三四十年代优秀好莱坞影片中发现了这些城市，于是也始终想以那种眼光去看它们②。"

"纽约由不同的街区组成。那些放映我拍摄电影的街区都是我经常去的地方，这些孤立的小岛环境优雅、经济富足，地处这个正在衰败的城市的中心③。"若说《曼哈顿》整部影片都以自然背景（包括内景）拍摄，其空间则经过导演的视角对纽约片区加以选择之后重新定义而成，这些都是他喜爱的街区，经长焦镜头拍摄之后赋予影片整体布景一种独特的效果。正如导演一样，影片中的人物艾萨克·戴维斯也积极参与选择（选择是圣贤具有的能力）之中。他挑选、区别并加以分类。他的这种性情可以从灯光和剪辑的处理上加以管窥，而这些步骤都处于取景和影像的中心。"随着岁月的流逝，你会发现真正优秀的有声彩色电影很少。大多优秀的喜剧片都是默片，而有声电影时期的优秀作品则都是黑白影片。到彩色片时代，基本上找不到优秀的喜剧片④。"

城市的荣耀、阴影与动荡，这些都是犬儒主义在表达时自然会采用的主要背景。正如彼得·斯劳特戴克谈到犬儒时所评述的："只有在城市之中，犬儒主义者的性格及其负面特征才能在公众的喧闹与爱恨情感压力之下变得彻底明晰起来。也只有城市欢迎犬儒，尽管他们对它全然不理；对于有创意的人群，它仍以都市特

① 马丁·斯科塞斯（Martin Scorsese, 1942— ），美国导演、编剧，代表作有《无间行者》（*The Departed*, 2005）、《华尔街之狼》（*The Wolf of Wall Street*, 2011）。——译者
② 此处系 Woody Allen 接受 Laurent Rigoulet 采访时所言，见于 2011 年 5 月 14 日的杂志《电视剧》。
③ Jean-Michel Frodon, *Conversation avec Woody Allen*, op. cit. , p. 105 – 106.
④ Eric Lax, *Entretiens avec Woody Allen*, op. cit. , p. 115.

有的个性寄予同情①。"在《曼哈顿》中，我们恰好可以得出这种
结论。片中的人物艾萨克·戴维斯是一位四处碰壁的作家，他宁
可与一位少女鬼混，也不愿面对成熟的男女关系。他的前妻准备
在一本书中披露他的缺点以及他在婚姻中对她的背叛，而他最好
的朋友则向他坦露自己有了情人。正如以往那样，这是对道德和
婚姻传统的终极嘲讽。对此，导演补充道："《曼哈顿》是一部有
关美国文化在纽约蜕变的电影，它揭示出颓废的大众文化将有碍
人们在健康而幸福的恋爱中生活②。"

"她十七岁，我四十二岁。她才十七岁，我比她父亲岁数
都大，你相信吗？我和一个女孩约会，居然还能胜过她的
父亲。"

艾萨克·戴维斯（伍迪·艾伦饰）（出自影片《曼哈顿》）

然而，情感的混乱因这座城市激发的欲望得到滋养，导演想
要呈现的正是这样的幻觉：城市夏日的夜景、曼哈顿和格林威治的
街道、漫步于第五大道上身材曼妙的女性，她们在博物馆谈论抽
象艺术，她们光顾爵士乐夜总会……伍迪·艾伦想要呈现的，是
大千世界中的一个小世界、大都市中的一个微系统，其中居住的
纽约人群处于受人嘲讽的布鲁克林犹太家庭与居住在公园大道的
资产阶级（导演对于这个群体很有好感）之间。导演对此曾说：
"这些人的确并非真实人物，就好比我描绘的曼哈顿从自然主义的
角度来看也未必真实。然而，《曼哈顿》人物身上有些东西显然在

---

① Peter Sloterdijk, *Critique de la raison cynique*, op. cit., p. 26.
② 此处为 Woody Allen 接受 Robert Benayoun 采访之言，见 1979 年 4 月 28 日第
222 期《正片》杂志。

任何地方都会产生共鸣，这不论是在法国、日本或是南美①。"在这部影片中，艾萨克·戴维斯这个人物属于彼得·斯劳特戴克所谓的"特征性城市人格"，他与社会观念和原则相抵牾，而大众却将其奉为圭臬。正如片中人物耶鲁（迈克尔·墨菲②饰）针对艾萨克·戴维斯（伍迪·艾伦饰）评述的那样："他除了纽约在哪都没法生活。"

同时，观众也可以从《曼哈顿》中发现，如果艾萨克这个人物尚可算是纽约知识分子（二十世纪七十年代后艾伦影片中的主体），然而他实际却与此毫不相干。艾维·辛格在《安妮·霍尔》中谈论的那些"俱乐部"和导演扮的那些角色其实总是以各种方式被排除在外。在人物愿意之前，他就已被排除在外。因为在白种盎格鲁-撒克逊新教③（WASP）社会之外，这个笨蛋以自己的姿态、言语、苍白的肤色和悲观的态度，明目昭彰地宣布主体差异，这既是他的强项也是他的弱穴。就其社会文化身份而言，他借不同的花招企图逃离社会并欺骗他人，在希望不属于任何团体的同时，又想属于任何部分。然而，当别人不断让我们想到自己的境遇，而且在我们完全受制于他们的偏见和不容置疑的眼神时，如何能既不受羁绊又不背包袱地生活呢？我们肯定会想到《安妮·霍尔》中的一幕场景，其中安妮将艾维介绍给她的家人，而他则被女友祖母那反犹太主义的眼神中伤，因为她将他视为彻头彻尾的犹太人（黑色服装、犹太圆帽、卷发纸、长胡子）。

从《安妮·霍尔》起，伍迪·艾伦采取的时空碎片化处理，

---

① Eric Lax, *Entretiens avec Woody Allen*, op. cit., p. 49 – 50.
② 迈克尔·墨菲（Michael Murphy, 1938—   ），美国男演员，曾出演《曼哈顿》（1979）、《托洛茨基》（*The Trotsky*, 2009）等片。——译者
③ 白种盎格鲁-撒克逊新教，其英文全称为"White Anglo-Saxon Protestant"。——译者

它不仅很好地诠释了导演面对社会上高涨的族群主义及其暗含的危险时表现的病态（与迷茫）情绪，而且也诠释了人们面对各种激流时试图压制这种病态情绪的诉求，然而这种情绪却并非只想占据一个人。诚然，群体始终向个人施以压力。然而，就伍迪·艾伦本人或片中的虚构人物而言，每个人都以自己的方式反对均一化、趋同化与标准化（蜕变为低俗消费产品的知识、文化、日报、爱情、性爱的），并避免四处树敌。在谈到犬儒主义时，昂弗翁就此做出的评述尤其具有启发意义："犬儒主义者以反叛者的身份为自己构建法则，他以傲慢恣肆之态粉饰这些法则，以便更快地冷却历练不足者的热情，或借此表明自己的言语有能力做出选择，并以此确认听众或观众之中的无能之辈①。"

> "有一天他对妻子说，现在我相信有些东西。我相信人生有意义，而且所有人不论富有与贫穷，都将入住上帝的天国，因为最终曼哈顿将变得没法让人生活。"
>
> 伍迪·艾伦《乱象丛生》

价值的转换

> "我拍的影片其问题在于，时间不会改变任何东西。如果影片过去很烂，那么现在它始终还是很烂②。"

影片《曼哈顿》具有的意义在于伍迪·艾伦像提审律师那样

---

① Michel Onfray, *Cynismes. Portrait du philosophe en chien*, op. cit., p. 73.
② Eric Lax, *Entretiens avec Woody Allen*, op. cit., p. 153.

所彰显的修辞手法，他利用城市空间来组织并展开讨论，使人发出嘲讽式的笑声或白痴似的叫喊。在《安妮·霍尔》中，他就已经投入这场运动，喜欢与陌生人自发进行互动以获得交谈的乐趣。在《曼哈顿》中，言谈交替的速度与艾萨克每周和好友打的壁球不相上下。然而，电影有待回答的核心问题依旧没变："为何人生值得活下去？"艾伦始终没法将这个问题束之高阁，而片中人物也通过录音机给出了几个理由，以阻止自己做出过激行为："其一是格劳乔·马克斯……《朱庇特交响曲》第二乐章；路易斯·阿姆斯特朗①的《土豆头蓝调》，当然还有瑞典电影；福楼拜②的《情感教育》；弗兰克·辛纳屈③、马龙·白兰度④；塞尚⑤画的那些惟妙惟肖的苹果、梨以及三和餐厅⑥的螃蟹。"

在 1979 年推出《曼哈顿》后，评论界和公众都盛誉该片为杰作，然而伍迪·艾伦给出的评价却令人倍感沮丧："我对最终的结果并不满意。其他几部电影也让我同样失望⑦。"若说他内心依然

---

① 路易斯·阿姆斯特朗（Louis Armstrong，1901—1971），美国黑人爵士音乐家、小号演奏家，代表作有《一个美好的世界》 (*What A Wonderful World*，1967)。——译者

② 居斯塔夫·福楼拜（Gustave Flaubert，1821—1880），法国作家，著有《包法利夫人》(*Madame Bovary*，1857)、《情感教育》(*L'éducation sentimentale*，1869)等。——译者

③ 弗兰克·辛纳屈（Frank Sinatra，1915—1998），美国歌手、演员，创作诸多流行歌曲，1953 年因出演《乱世忠魂》(*From Here to Eternity*) 获得奥斯卡最佳男配角。——译者

④ 马龙·白兰度（Marlon Brando，1924—2004），美国著名演员，代表作有《欲望号街车》(*A Streetcar Named Desire*，1951) 和《教父》(*Godfather*，1972)。——译者

⑤ 保罗·塞尚（Paul Cézanne，1839—1906），法国印象派画家，长于人物和静物。——译者

⑥ 三和餐厅（Sun Wo Kitchen），位于纽约的华人餐厅，因菜系纯正而闻名。——译者

⑦ Eric Lax, *Entretiens avec Woody Allen*, op. cit., p. 114.

怀有不满，那是因为媒体和观众以前带给他的冲击还留有余震，而导演在情感上的脆弱也无需加以证实。几年之后，导演对埃里克·拉克斯坦言道："我认为《曼哈顿》受人热捧有其非理性的因素。《安妮·霍尔》很受观众喜爱。我认为这部电影不错，但我也拍过比这更好的影片，或许观众对这部电影的一丝暖意、一种情感产生了共鸣①。"在拉开时间距离后，才能习惯性地做出判断。"从完美主义角度来看，他希望扔掉自己不满意的作品，同时也想扔掉那些有待从头到尾重拍的影片，但这已经毫无可能②。"

《曼哈顿》为伍迪·艾伦赚了不少钱（美国票房为三千九百万美元）。他于是开始挥霍起来，行事与他昔日在《傻瓜大闹科学城》中嘲讽的那些乘喷气飞机旅行的富豪并无二致：中央公园旁的景观房，雇佣司机开的劳斯莱斯，与米克·贾格尔③、罗伯特·德尼罗④和阿瑟·米勒⑤欢度新年。导演的生活轨迹与他塑造的人物毫无相似之处，而更像那些衣衫褴褛、遭人唾弃的艺术家，这就好比导演本人陷入了自己的陷阱之中。由于他与片中人物存在共性，公众自然而然就将他等同于这些人物，当他偏离这种模式时就会对他毫不留情。在他拍摄《星尘往事》之际，弗洛朗斯·科隆巴尼如此写道："这种隐形的骚扰以及在大街上遇到影迷追着向

---

① Eric Lax, *Entretiens avec Woody Allen*, op. cit., p. 289.
② Robert Benayoun, "*Manhattan*, un désespoir d'humour", *Positif*, n° 222, septembre 1979.
③ 米克·贾格尔（Mick Jagger, 1943— ），英国摇滚歌手、滚石乐队成员。——译者
④ 罗伯特·德尼罗（Robert De Niro, 1943— ）美国演员、导演、制片人，曾出演《愤怒的公牛》（*Raging Bull*, 1980）、《喜剧之王》（*King of Comedy*, 1983）等。——译者
⑤ 阿瑟·米勒（Arthur Miller, 1915—2005），美国剧作家，代表作有《都是我的儿子》（*All My Sons*, 1947）《推销员之死》（*Death of a Salesman*, 1949）等。——译者

他索要签名时更明显的骚扰，它们部分解释了《星尘往事》的病态环境①。"显然，中产阶级子女明目张胆炫富无疑惹恼了公众。然而，他的状态令亲友甚为担心，他们害怕他患上循环性精神病。这个循环很简单：周期性欣快症、抑郁症与烦躁症交接来袭。对伍迪·艾伦来说，他具备所有这些症状。

> "你不能按这种方式生活下去了，这过于完美了。"
>
> 耶鲁（迈克尔·墨菲饰）（出自影片《曼哈顿》）

针对那些将他限定在纽约知识分子笑星框架的人，伍迪·艾伦盛气凛然地予以回击。那么如何达此目的？无疑正是他在创作故事男主角桑迪·贝茨。伍迪·艾伦以一位"妄想症诱惑者"的影人外衣重回影坛，此人正遭受着突如其来的身心危机。他自如地穿上这件全新的外衣，人物外形则通过模仿《八部半》中的奎多·安塞尔米（马尔切洛·马斯特洛杨尼②饰）而来。"我认为这是我最好的影片之一，但它是我在美国最受批评的影片之一。我不知道欧洲如何，在这里确实最受指摘。不过，这依然是我最喜爱的作品之一③。"导演对埃里克·拉克斯所言的电影，无疑正是1980年推出的长片《星尘往事》。

> "我的人生需要一个戏剧性的转变。"
>
> 艾萨克·戴维斯（伍迪·艾伦饰）（出自影片《曼哈顿》）

---

① Florence Colombani, *Woody Allen*, op. cit., p. 49.
② 马尔切洛·马斯特洛杨尼（Marcello Mastroianni, 1924—1996），意大利著名演员，代表作有《意大利式离婚》（*Divorzio all'italiana*, 1961）、《特别的一天》（*Una Giornata particolare*, 1977）、《黑眼睛》（*Oci ciornie*, 1987）等。——译者
③ Stig Björkman, Woody Allen, *Entretiens avec Stig Björkman*, op. cit., p. 118.

人们谴责他过于极端，于是伍迪·艾伦决定主动发起攻势。正如《曼哈顿》中他饰演的人物所言，"真正犀利的讽刺总是比武力要好。"人们定然不会忽略《星尘往事》片名那忧郁的诗意，而该片也正是在这种特殊的情况下拍摄而成。作为一部极富隐喻内涵的电影，该片直接对此给出了回应。片中的桑迪·贝茨讲述了一个梦，梦中他从火车站月台上登上了第一列火车，车上的座位全部被他所谓的"失败者"占着。于是，他设法下车去搭下一班列车，因为那里氛围更为热情，车厢挤满了富裕而漂亮的乘客。然而，最终这两趟火车抵达同一个终点：一个公共垃圾场。正如片中的桑迪，伍迪·艾伦的职业生涯此时也正不知去往何方。正是这种艺术危机，使他对艺术在这个（他所生活的）世界上的有用性进行普遍性反思，那些陈年爵士乐则始终伴随着这种反省。

> "你知道我本人从来不是自己扮演的角色。查理·卓别林也从来既不是流浪汉，也不是他扮演的那些人物①。"

从深度和形式上来说，《星尘往事》探讨了虚构与真实的对立，伍迪·艾伦对此的执迷也是与日俱增。这部电影以《曼哈顿》那样的黑白模式拍摄，混合了桑迪·贝茨日常的现实描述与个人幻想，最终将这个人物引向一个魔幻世界。在影迷的催促下，贝茨被迫只能拍些"搞笑"片，深感窒息的贝茨突然从阴郁风格中脱离而去，不过这种抑郁情绪却始终困扰着他。这是一个性情乖戾的个人主义者，他厌世并对自己的死亡焦虑万分。这幅自画像显然有其误导成分，艾伦也确实模糊了清晰的线条。他本来的面目、非他的面目以及可能的面目，这一切在《星尘往事》中混在

---

① Stig Björkman, Woody Allen, *Entretiens avec Stig Björkman*, op. cit., p. 119.

一起，令人眼花缭乱。这无疑是一次精神分离之旅，给人造成强烈的错乱感，也理应只有欧洲观众才会发出喝彩。"感谢上帝，还有法国人！"正如几年后推出的《好莱坞结局》中人物瓦尔·韦克斯曼说的那样，这真是不谋而合。

> "那种认为作品可以超越作者生命的说法，是艺术家内心习惯性的宣泄。但这是谎言！在我死亡的那一天，对我而言一切都将结束，我也不再对任何东西有意识。因此，之后在地球上发生的任何事情，对我来说就不再有任何意义①。"

* * *

正如影片《曼哈顿》和《星尘往事》所见，伍迪·艾伦在内心还是选择了真与美，这与他备受纷扰的心境全然不同。正是美占据着他，这包括感受、情感、主观与幻觉（它并非毫无意义的人工制品）。在这两部相继推出的影片中，变奏也通常围绕着同一个主题展开，然而影片的创制程序却每次都在不断翻新。一切都在于导演发问的方式，一切也都在于细微差异、影片基调、背景音乐以及拍摄角度与观赏视点的不同而已。虚构故事逐渐得到了认可，而他的事业只有一个目的：作者的独立性。这种独立性由艺术诉求的意愿决定，而伍迪·艾伦与戈登·威利斯两人的合作便基于这种诉求展开。

> "艺术并不会从你的所见或从你的大脑中流出，而是从更

---

① 此处系 Woody Allen 所言，由 Serge Kaganski 载于 2014 年 10 月 27 日《摇滚时代》杂志上。

深的无意识之中产生。有意识的人不会创造艺术①。"

公众或许对《星尘往事》并不满意，然而导演对此却闭口不言。大多数导演在重压之下会不堪重负，很难推出影片以维持运转（伟人们也深谙此理）。与他们截然不同，伍迪·艾伦则继续追随着他在《内心深处》中开辟的道路，并试图让自己惊叹，而非去取悦观众。对导演来说，电影并非只是演艺事业，尽管他每年推出一部作品看似如此，他所要关注的是自己的想象与身体的呼唤。换言之，在满足他人之前先自我满足。有人会说这是自我主义，又有人会说这是个人主义，但在伍迪·艾伦看来，这或许是人文主义。可以肯定的是，他从来不会在普遍性的问题上让步。二十世纪八十年代，这种对抗精神得以积极开拓，而反映这种精神的影片有《丹尼玫瑰》《开罗紫玫瑰》与《无线电时代》（全球票房大获成功）等。

自二十世纪八十年代起，伍迪·艾伦受到了市场法则的威胁，虽然他已不再受联美公司的合同制约。由于他与这家公司难以维持以往那样的友好关系，于是他断然离开了公司。随后，他加入了赞助人阿瑟·克里姆（Arthur Krim）所在的奥利安影视公司（Orion Pictures）。对艾伦而言，这是一个全新的开始，而其中的高峰与低谷也彻底撼动了常规看法。作为见面礼，他向阿瑟献上两个构思已久的项目：其一是《西力传》，这是有关一位变色龙人物的虚构纪录片；其二是《仲夏夜绮梦》，这是一个世人沉浸于笛卡儿思维王国的寓言故事，受莎士比亚《仲夏夜之梦》和英格玛·伯格曼《夏夜的微笑》启发。当时，他同时执导这两部影片，"我发现在心理上这让人难以应付。在体力上这不算什么，但在脑

---

① 此处系 Woody Allen 所言，见于 2002 年 5 月 16 日的《法国快报》（L'Express）。

力上这的确很难[①]"。

伍迪·艾伦由此翻开了个人职业生涯既辉煌又黯淡的一章，他放弃了在整体视野上沉浸于悲观主义之中，以便让犬儒主义彻底大放异彩。这是一名抑郁症患者深思熟虑的反叛？我们可以肯定的是，现代性对他而言并不适用。他在与人接触的过程中学会了坚强，正如第欧根尼在自己所处的时代一样："夏天他在滚烫的沙滩上打滚，冬天他拥抱白雪覆盖的雕塑，从中寻找自我坚强的地方[②]。"身为犬儒不仅是为了少受苦难，也是为了不让内心被刺得千疮百孔。

"我本想以给人希望的信息结束，但我没有这种信息。不过，两个绝望的信息可以吗？"

伍迪·艾伦

---

① Eric Lax, *Entretiens avec Woody Allen*, op. cit. , p. 96.
② Michel Onfray, Cynïsmes. *Portrait du philosophe en chien*, op. cit. , p. 50.

第 *4* 章

变形记

"在过去很长时间里，伍迪·艾伦同样表现出了普罗米修斯在女性世界中寻找自我的需要①。"

米歇尔·西厄塔（Michel Cieutat）

正如他少年时代拍打的皮球，伍迪·艾伦始终明白反弹的道理。他利用脚在地面移步时飞扬的尘土作为工作素材，而这份"努力"最终也使尘埃化为星辰，因为经过对这片土壤不断的深度耕耘（此处指纽约），导演最终从中掘出了宝藏。

"经过这么多年，我发现任何短暂的变化都会在头脑中激发新的火花②。"

从 1975 年和戴安·基顿分手后，伍迪·艾伦屡获女性芳心。

---

① Michel Cieutat, *Woody Allen et les muses*，载于 1990 年 2 月第 348 期《正片》。
② Eric Lax, *Entretiens avec Woody Allen*, op. cit., p. 97.

其中的故事却鲜有人知，尽管他在二十世纪五六十年代非常乐于道说个人私事。不过，在 1979 年 11 月的一个社交晚会上，导演结识了仪表纯真的青年女演员米娅·法罗（Mia Farrow），她与指挥家安德烈·普列文①刚离婚不久。从外界谣传来看，两人可谓一见钟情。尽管两位恋人亲密无间，但为了不让两人炽热的爱情受损，他们决意分居生活。这不仅是因为这位女演员的负担（包括宋宜在内的五个孩子）对伍迪·艾伦而言过于沉重，而且艾伦除想维持内心安宁之外，与生也并不具备慈父品质。为了让生活更为舒适，米娅·法罗和导演于是搬到各自的对面定居。这段关系让艾伦的内心得以平抚，而他的作品由此也趋于平和，同时也更具反抗意识。

在随后十年中，伍迪·艾伦全速启动。从《仲夏夜绮梦》到《俄狄浦斯的烦恼》（《纽约故事》三部曲中片），他让米娅·法罗定期参与影片拍摄，并让她饰演一些印象深刻的角色，比如《开罗紫玫瑰》中的塞西莉亚（Cecilia）。作为生活伴侣与缪斯女神，法罗让伍迪·艾伦的电影大放异彩，并以其优雅的姿态、柔弱的声音和清澈的眼睛让观众为之倾倒，而她那清澈的眼睛也映照着导演的世界。不论是她出演的《汉娜姐妹》等正剧，还是她担任女主角的传奇剧，米娅·法罗都为导演的职业生涯吹来了第二股春风，赋予其电影一种人们从未感受过的优雅和温柔。片中的桑迪·贝茨在寻求灵感，伍迪·艾伦却重获灵感，而他的那些阴暗想法也变得不那么偏执。在《仲夏夜绮梦》中，片中人物如此说道："与她在床上有问题，也不会阻碍我飞翔。"对于导演所处的状态而言，这个回答的确令人欣慰，因为爱情已为他插上飞翔的

---

① 安德烈·普列文（André Previn, 1929—　），德裔美国人，著名作曲家、指挥家、钢琴演奏家，于 1970 年迎娶了第三任妻子米娅·法罗。——译者

翅膀。

正如罗伯特·贝纳永写道，"伍迪·艾伦已从他那创造性的循环精神病中完全成长起来，以便不再陷入季节交替性的简化论之中。他不再写普通的喜剧，而只会写普通的正剧[①]。"对于痴迷爵士乐的伍迪·艾伦而言，他将改变创作节奏并使其中的快慢变化不易察觉。他让人物保留自己的处事逻辑，并乐于让截然不同的视角相互碰撞。在他的电影中，存在诸多的对立，比如笨蛋—精英、纽约—加州、行动—被动、性爱—情感，等等。时至二十世纪八十年代，各种信仰与主义在银幕上相互抗衡，比如科学与巫术、笛卡儿与艺术家、医学与哲学、美国牛仔与印第安人以及贵族阶层与无产阶级，一系列的冲突由此竞相呈现，并成为导演影片之中前所未有的主旨。

肉与灵共存一体

1981 年夏天，伍迪·艾伦在同时拍摄《仲夏夜绮梦》和《西力传》，两部影片分别于 1982 年和 1983 年上映。导演时间组织加以优化，由此消除了让他深感忧郁的怠工间隙："安排角色、选择地点和准备工作都同时进行。我先拍一大段《仲夏夜绮梦》，后拍《西力传》，然后再来回拍摄两部影片[②]。"若说这两部电影属于不同的风格，二者的共同之处在于对理性和非理性的探求，或至少从影片人物与理性/非理性两个维度的交互关系上来说存在共性。对安德鲁（Andrew）或扎里格（Zelig）来说，正是这两种维度使

---

① Robert Benayoun, *September. Dedans-dehors：les extériorisationsd'un intérieur*，载于 1988 年 4 月第 326 期《正片》杂志。

② Stig Björkman, Woody Allen, *Entretiens avec Stig Björkman*, op. cit., p. 128.

两个认真的男人出现一系列的生理抽搐和化学反应，并由此在沮丧、好奇和蔑视之间摇摆不定，而他们的性格与理念则让博学之士和墨守成规者无所适从。因为他们是鲜活的矛盾体：意识的化身与意识的双重；换言之，这甚至也是傲慢无礼的表现。

> "反讽是一种可以召唤灾难性雷电和高温的颠覆策略，借此社会的基石和神话将会统统垮塌①。"

在《仲夏夜绮梦》中，在理论和言辞上的论战就人的感知层面展开。由伍迪·艾伦饰演的安德鲁持以下观点，认为人眼不能看清一切，科学对音量、颜色和物质一无所知。理性主义哲学家利奥波德（Leopold）以揭露荒谬的迷信为业，他将安德鲁归入"空想者"之列。他语气低沉、自负、专断，认为凡是科学和逻辑无法证明的就不存在，而且一切都建立在经验之上，这无疑重申了圣徒托马斯（Thomas）"眼见为实"的格言。正是围绕这种认知对立，导演构建了本片的喜剧框架，并以不同的声音对此加以回答。在《西力传》中，医生们忙碌于男主角周围，试图为他的神秘病症找出缘由和疗方，因为扎里格作为难解之谜已对这个职业的技能和信念提出了质疑。该片的拍摄手法与《仲夏夜绮梦》其实并无二致：维护妙语好比维护发动机，都是为让二者运转顺畅。在那个年代，伍迪·艾伦依然相信评论在社会舆论斗争中的优势，然而这种技法却最终以失败告终（1990—2000 年间其影视作品中独白占据主导便是这种失败的明证）。

在这两部影片中，理性与非理性在谦让中展开对话。然而，在交锋之中总得有个赢家，于是人物的输赢就在于伍迪·艾伦将

① Michel Onfray, *Cynismes. Portrait du philosophe en chien*，op. cit.，p. 93.

最后一分留给谁。故而，安德鲁最终撼动了利奥波德的僵化立场，因为后者在乡村度假一周之后，改变角度去审视自然和人生，不过这种启示却让他心脏病发作。尽管扎里格逃脱了法律的各种制裁，但模仿他人的性格特征在强行接受各种治疗之后依然毫无消退之势。两位非传统式男主角，两个放荡不羁的灵魂，两位离经叛道的人物。

> "很多人心存正直，但也有许多人缺乏这种品质，于是苟同于人。倘若他们追随的人物提出某种观点，他们会应声赞同①。"

在影片《仲夏夜绮梦》中，处于争论中心的诸多概念都为我们所熟知，如美丽、魔术、嫉妒和欲望。在情感、直觉和价值尺度上，伍迪·艾伦强调了主人公之间存在的差异：有人谈论这种差异（利奥波德），有人利用这些差异（麦克斯韦），而安德鲁本人则与伍迪·艾伦扮演的其他角色一样，"来回摇摆不定"。借助轻松喜剧的风格，《仲夏夜绮梦》以结局的惊艳而取胜。因为本片的优势在于它带来的感官体验，戈登·威利斯摄影画质的美感、从雷诺阿电影汲取的灵感（《乡间一日》）以及门德尔松②的音乐都有助于唤起这种体验。这里，重要的并非是弄清哲学家或发明家谁对谁错，而是要说明一切都是视角和审美的问题。艾伦的影片往往介于事物的表象与底层之间，而且也正是在这个狭小空间内，导演让平庸与非凡、低俗与崇高共处一体，这无疑也是各种冲突

---

① Stig Björkman, Woody Allen, *Entretiens avec Stig Björkman*, op. cit., p. 135.
② 门德尔松（Felix Mendelssohn, 1809—1847），德国浪漫主义作曲家，作品以精美、优雅、华丽著称，代表作有《仲夏夜之梦》序曲和《苏格兰交响曲》等。——译者

共存的地带。

"你认为还有比眼前更丰富的生活？或许事实如此，或许我会流泪。"

安德鲁（伍迪·艾伦饰）（出自影片《仲夏夜绮梦》）

造物主与创造物

"犬儒主义者通过抨击外部世界来消除内心的冲突①。"

1982 年，他以浪漫传奇的形式推出了有关物理（引力原则、模具机械）与玄学、自然与超自然的作品《仲夏夜绮梦》；1983 年，他以虚构纪录片的形式推出了有关身份和文化分区的作品《西力传》。正如《西力传》，《仲夏夜绮梦》同样采取了娱乐大众的形式与风格，在蒙蔽观众的同时也让他们为之叹服，无疑通过滥用影片的形式来释放影片的内容。借助这种方式，不仅创造出奇观与意外，而且也创造出冲突。正如艾维·辛格所言，"生活如果这样该有多好！"自伍迪·艾伦步入影坛起，他所要论证的正是"虚幻的现实②"。导演将现实永恒再现于银幕之上，其中他扮演的那些角色则根据时机的需要与灵感而定。

鉴于现实受制于观察者，而且对于现实的反映往往因观察者视角不同存在差异，于是导演逐步赋予观众更多的自由，让他们

---

① 由 Bergler 对犬儒主义给出的一种定义，请参见 Peter Sloterdijk, *Critique de la raison cynique*, op. cit., p. 502。

② Gilles Cèbe, *Woody Allen*, Éditions Henry Veyrier, 1984, p. 133.

去看半空的水杯或半满的水杯。伍迪·艾伦以轻松缓解沉重，正如他将虚构结合现实那样，以此来观察这种融合可以激发的化学反应。作为诞生在剪辑室的杂合体，《西力传》似乎正是所有手法综合的结果。影片的原创性首先在于它的构思：一部真假难辨的纪录片（正如艾伦的首部长片《傻瓜入狱记》），加入影像档案和旧日新闻，并掺有美国女作家苏珊·桑塔格①和心理学家布鲁诺·贝特尔海姆②的片断（《童话的精神分析》）。影片叙述了一位变色龙男人，此人之所以成为二十世纪二三十年代人们谈论的话题，是因为他在医学、精神和色彩上都存在显著偏差。这是一个视觉感知有问题的人，没有稳定的人格特征，正如法国诗人兰波③所言，"我是另一个人。"显然，这是对空白领地的宣言。

> "我给主人公起名列奥纳多·扎里格，这听上去是个绝佳的名字。但我当时从来没想过将片名定为《西力传》……影片最初的名字叫《变色龙》，最后却成了该片中影片的名字。我们甚至想过用《身份危机及其与人格错乱的关系》作为片名④。"

由于童年遭反犹太分子欺凌而深受创伤，扎里格确信正是自己的犹太身份导致他被人厌弃，而他随意变形的目的，也只是为了让人喜爱他。他人格紊乱的根源在于自己的身份认同情结，艾

---

① 苏珊·桑塔格（Susan Sontag, 1933—2004），美国女作家，代表作《论摄影》（*On Photography*，1977）、《火山恋人》（*The Volcano Lover*，1992）等。——译者
② 布鲁诺·贝特尔海姆（Bruno Bettelheim，1903—1990），美国心理学家、精神分析师，对儿童孤独症颇有研究。——译者
③ 兰波（Arthur Rimbaud，1854—1891），法国象征主义诗人，代表作有《醉舟》（*Le bateau ivre*，1871）、《地狱一季》（*Une Saison en Enfer*，1873）等。——译者
④ Stig Björkman, Woody Allen, *Entretiens avec Stig Björkman*, op. cit. , p. 132.

伦对这种情结可谓了如指掌，因为他从首部影片起对此就可谓运用自如。正如人们审视作者时观点不一、存在分歧那样，人终将遭到生活与他人不同看法的赞扬与批评。扎里格折射出这些看法的综合反应，这个化身在碎裂的同时亦在聚合。通过这个虚构人物，伍迪·艾伦得以绝好地讲述法西斯主义的危险、趋同的含混及其诱惑。他本人曾说："我感觉为了自保而放弃个人主见以顺应大流，就像变色龙那样与环境浑然一体，人最终就会成为法西斯权力操控的绝佳对象，而法西斯主义的猖獗也正是利用了这一点①。"这种看法与犬儒们的看法并无二致，米歇尔·昂弗翁对此的表述是："对知识分子或哲学家而言，接近君主往往有机会为自己平庸的服务增添一丝笼罩在君王头顶的光环……在替他人活着的同时，他们彻底放弃了批判精神，以便必要时能再次发光。于是。他们找到了崇拜、爱慕与求情的对象②。"

起初，变色龙令周围的人惊叹不已，人们视他为可爱的"怪胎"，而他不仅与很多名人如约瑟芬·贝克③、乔·迪马乔④（娶玛丽莲·梦露为妻的棒球运动员）有接触，而且还与艾尔·卡彭⑤有来往。然而，他的同化能力却最终让自己成为可怕的怪物。在影片末尾，人们看到主人公竟在阿道夫·希特勒周围招摇过市，而他本人还是个犹太人。片中另外一个三K党人物还说，"一个犹太

① Stig Björkman, Woody Allen, *Entretiens avec Stig Björkman*, op. cit., p. 137.
② Michel Onfray, *Cynismes. Portrait du philosophe en chien*, op. cit., p. 122-123.
③ 约瑟芬·贝克（Joséphine Baker，1906—1975），美国黑人舞蹈家、歌手，1925年赴巴黎演出并一举成名，1937年加入法国国籍。——译者
④ 乔·迪马乔（Joe DiMaggio，1914—1999），纽约扬基队棒球运动员，于1954年1月娶梦露为妻，但这场婚姻仅维持了9个月。——译者
⑤ 艾尔·卡彭（Al Capone，1899—1947），美国黑帮老大，于二十世纪二十年代在芝加哥活动甚为猖獗。——译者

人能随意变成黑人或印第安人，这完全是一种三重威胁。"在《傻瓜大闹科学城》中，迈尔斯是当局追捕的外星人，在《西力传》中，主人公成了他人施加私刑的变色龙。不过，主人公拼命追寻的爱情，最终从尤多拉·弗莱彻博士（米娅·法罗饰）眼中觅得，而此人以催眠治疗病患闻名。对一位意欲放眼明察并掌控局势的作者而言，这的确讽刺意味浓重。

> "我很喜欢这个想法，为了让人喜欢自己，你会放弃自己的个性，来成全与你共处的那个人……这最终将导致法西斯主义的产生，因为你彻底弃绝自己的个性，以便属于一个群体，并与之融为一体[①]。"

这个具备融合性格的人物，他更多像是毕加索[②]的一幅肖像画，而非弗兰肯斯坦[③]博士的创造物。扎里格不仅是萦绕伍迪·艾伦所有幽灵的写照，而且也是他塑造的所有人物模型的复本。主人公集其他所有人物性格于一身，而该片也集所有电影风格于一体（纪录片、喜剧、存在主义寓言、道德故事、反法西斯宣言）。评论界对这种尝试大为赞赏，然而他们称道更多的是影片的技术成就，而非其总体价值（涉及幸存的问题与法西斯主义的危险）。对于那些隐匿太深而领悟不到这个信息的人来说，导演正是想透过《西力传》肯定并确立一种鲜明的人物性格。伍迪·艾伦丝毫

---

① Eric Lax, *Entretiens avec Woody Allen*, op. cit. , p. 331 - 332.

② 毕加索（Pablo Picasso, 1881—1973），西班牙画家、雕塑家，西方现代艺术最杰出的代表。——译者

③ 弗兰肯斯坦（Frankenstein），英国女作家玛丽·雪莱同名小说《弗兰肯斯坦》（1818）中的主人公，这名青年科学家利用生物学知识，从停尸房等处取得不同人体的器官与组织，在拼合成人体后借助雷电赋予这个怪物生命。——译者

没有与大众为伍的想法，这让他的债务人和诋毁者大为不快，而二十世纪八十年代对此便是最好的明证。总之，他的独立宣言经《西力传》喷薄而出。

> "我先写好了整个剧本。接着，在观看众多纪录片后，我根据新的发现对剧本进行了改动。这样前后又用了几年，于是整个影片就花了太长的时间……我们使用20年代的旧镜头、摄像机和音响设备……我们制作了闪烁快门，让这部电影看上去带有老电影那种闪烁的光斑。我们在负面胶卷上制造刮痕……但也没有过分处理①。"

宣泄表达

> "如果喜欢丹尼·凯耶②、鲍勃·霍普、米尔顿·伯利③算过时，那我肯定过时了。"
>
> 丹尼·玫瑰（伍迪·艾伦饰），《丹尼玫瑰》

因为一个想法会引出另一个想法，在《西力传》剪辑结束时，伍迪·艾伦继续前进并开拓了一种形式自由的全新影视风格。一部喜剧由此诞生，片中汇集了他过去身为笑星的诸多逸闻趣事："当时每天晚上，表演结束之后，我们都会去百老汇和第七大街附近的熟食店，在那里坐上几个小时放松自我，期间吃喝、聊天、

---

① Stig Björkman, Woody Allen, *Entretiens avec Stig Björkman*, op. cit., p. 133.
② 丹尼·凯耶（Danny Kaye, 1911—1987），美国笑星、演员、歌星，可谓多才多艺。——译者
③ 米尔顿·伯利（Milton Berle, 1908—2002），美国笑星、演员，曾在1948—1955年期间主持NBC节目《德士古星剧场》（*Texaco Star Theatre*）。——译者

讲故事。那个年代，人们很喜欢逸闻趣事①。"诚然，《丹尼玫瑰》所要探讨的正是人们对闲聊的怀旧情怀，我们也得以重温那个"令人眩晕的宣泄表达时代，这与当今以电视为标志的表演时代类似……这些脱口秀明星在演艺行业中到处占据着主导②"，正如罗伯特·贝纳永评述道。在一个酒吧里，几个表演艺术家回忆起丹尼·玫瑰，这是一位色彩鲜明但业已过时的经纪人。他们谈论丹尼的暧昧情史，他与可怜笑星的荒谬合同、他与女人的绯闻以及他身为全纽约最知名代理人的声望（盗用）……口头传说互相交织起来，回忆由此变得明晰，每位讲述人投射出自己的印象，餐厅于是演绎成为影院大厅。

　　由于他的喜剧探讨的总是他最熟悉的内容，伍迪·艾伦在回忆中逆向追寻至二十世纪六十年代他初次登台的岁月。然而，片中他扮演的并非"忧郁"的角色（人们知道他演这个角色自然很有天赋），而是经纪人的角色。为了塑造这个角色，他在很大程度上从丹尼·西蒙身上寻找灵感。此人曾是他的经纪人与良师益友，也正是此人过去曾助他克服障碍，本书第一章曾就此予以介绍。导演借该片向这位老朋友致敬，但为了搞笑的需要，无疑夸大了人物的性格特征。狡猾但平庸、捣乱却倒霉，丹尼·玫瑰的壁橱中堆满了文稿，各种嘈杂声交织起来，正如他在片中的金发情人蒂娜·维塔莱（米娅·法罗饰）或者他心醉的低音歌手露·卡诺瓦那样，虽然毫无天分，却自信禀赋过人。戈特弗里德·贝恩③曾如此写道："傻瓜有个工作，这就是幸福。"这也正是现代犬儒主

---

① Stig Björkman, Woody Allen, *Entretiens avec Stig Björkman*, op. cit., p. 140.

② Robert Benayoun, *Broadway Danny Rose*, Vous avez dit Woody? Nouvelles de l'après-*Zelig*，见于 1984 年 5 月第 279 期《正片》杂志。

③ 戈特弗里德·贝恩（Gottfried Benn, 1886—1956），德国诗人和散文家，曾因反对纳粹势力而被作协开除，二战后出版诗集《蒸馏》(1953)、《尾声》(1955)。——译者

义的写照，无疑没有古代犬儒那么热情洋溢并具有远见卓识。

　　"在观看骗子伪装时，观众在情感上肯定认为，这广阔的现实其实与这部电影十分相似，对于那些隐蔽的地方尤其如此。由此，骗子成为现代复杂意识痼疾之中最重要，也最易理解的存在主义象征符号[1]。"

　　与迈尔斯·门罗、艾维·辛格、艾萨克·戴维斯和其他伍迪·艾伦塑造的人物有所不同，丹尼·玫瑰并非是个犬儒主义者。他对自己所处的时代并不持否定态度，相反他正是那个时代的写照。他曾受雇于印染厂和金属厂（加工金戒指），这也正是导演在那个时代（二十世纪五十年代末至六十年代初）热衷塑造的形象。这个介于小丑、老鸨和掮客多种角色的丹尼·玫瑰，他是一位心胸宽大的经纪人，不仅对遭人取笑和排斥的个体出手相助，而且也拉帮那些不入社会俗规的个体。《丹尼玫瑰》通过那些逸闻趣事所要反映的，正是"人世的恶毒、资产阶级的冷漠、支配原则、阴谋诡计及其背后的牟利动机[2]"。资产阶级的冷漠体现在社会和民众那种自我标榜的优越感，支配原则表现在（良好）品味的强制服从上，其中知识分子充当这种品味的代言人。

　　这部黑白影片涉及了声望、无名、魅力、平庸、过时、冒充、夸张等诸多主题，酒吧的常客们在讲述逸闻趣事时，也触及了这些主题的实质与意义。通过采用复调叙述，伍迪·艾伦引入多重视角，并根据讲述者提供的碎片信息来构建丹尼·玫瑰的人物特征（描述尤其生动），于是人物肖像在很大程度上由描述者的主观

---

① Peter Sloterdijk, *Critique de la raison cynique*, op. cit., p. 590.
② Ibid., p. 17.

性与回忆的随机性决定（鉴于艾伦谈论的是过往时光）。故而，一切又再次成为感知的问题。从导演的角度来看，让米娅·法罗饰演的人物戴上太阳镜遮住半个脸面的确很滑稽。在滑稽的同时，更具指涉意义。因为《丹尼玫瑰》所倡导的，正是可见与不可见之间的二元性，主人公从自己业务之内管理的新人身上，看到了他人看不到的品质，这无疑使对方既与众不同又独具个性。常言道，"情人眼里出西施"，然而艾伦却附加了一句："因为在一群裸体主义者当中，从来看不到一个瞎子。"

作为一部轻快喜剧，《丹尼玫瑰》赢得了观众的认可，他们在欣赏该片岁月之旅的同时，也领略了电影不俗的幽默和细腻的情感。从结构上来说，可将该片视为一段爵士乐，它围绕一个主题（丹尼）展开，并包含多个（即席）变奏，其中每一位讲述人代表一种乐器，平衡着乐曲中的高音和低音（后来导演在 2004 年推出的《双生美莲达》中还继续采用了这种体系）。这是 1985 年，我们正在经过曼哈顿去往布鲁克林的路上，而那里正是导演成长的地方。若说在《丹尼玫瑰》中，伍迪·艾伦刻意选择让纽约摒弃傲慢（该片在新泽西拍摄）并褪去浮华的外衣，那么在《开罗紫玫瑰》中，他要拍摄的则是一个经历经济危机的城市，这个城市几近脱离现实语境，这与他对《曼哈顿》的处理手法截然不同。

铭刻电影的名字

"事情的真相往往让人难以承受①。"

伍迪·艾伦

---

① Eric Lax, *Entretiens avec Woody Allen*, op. cit., p. 145.

自《西力传》之后，自传素材在导演的电影《星尘往事》中采取了另一种形式，因为该片几乎具有真假遗言的价值。尽管伍迪·艾伦在《丹尼玫瑰》中表演很到位，不过他饰演的这个角色却是受他人启发塑造而来，这与维吉尔、艾维或艾萨克有所不同。导演在该片中将个人回忆整体搬上银幕，这其中包括时代风貌、声调音色以及他在二十世纪六十年代接触的诸多演艺界人物。正是透过每个人物、丹尼的叙述者、他遭受的困难、每条逸闻趣事以及各个布景部位，伍迪·艾伦让这种整体回忆光芒四射。一年之后，《开罗紫玫瑰》上映，作为演员的艾伦彻底从银幕上消失，然而影片的自传痕迹却从未磨灭。对此，文森特·阿米耶尔写道："在他自我叙述故事的同时，会不时背离自己的逻辑。其中的机制好比越过匝道，从一个场景过渡到另一个场景那样。某一天，电影似乎会彻底突破生活的限制和逻辑，并由此失去它再现生活的理由①。"

"我基于这点写了这个故事：一位女性的梦中情人走出银幕，她坠入他的爱河。不过，那位真正的演员这时却出现了，于是她被迫在现实和虚幻之间进行选择。当然，人不能选择虚幻，因为那会让人发疯②。"伍迪·艾伦如此说道。艾伦生于二十世纪三十年代，当时美国的失业率高居不下。导演将我们带回那个阴暗的年代，那里到处充斥着灰色记忆，透过塞西莉亚的眼睛，我们看到一位婚姻不幸的女服务员，她只能从电影中逃离忧郁的情绪。就其本身而言，《开罗紫玫瑰》并非一部自传电影，它至多是综合了伍迪·艾伦的生活片段而已。1985 年该片上映时，导演庆祝

---

① Vincent Amiel, *Woody Allen et la traversée de la rampe*，见于 1997 年 2 月第 432 期《正片》杂志。
② Stig Björkman, Woody Allen, *Entretiens avec Stig Björkman*, op. cit., p. 144 - 145.

了自己的五十岁生日。这部电影不仅向曾助他获得自由的丹尼·西蒙致敬，而且也是从整体上在向电影献礼，对片中女主角而言，电影是克服苦难与残酷现实的最后防线。

　　由于艾伦的童年与少年时光并不快乐，于是他在昏暗的放映厅找到了天然的庇护所。在与外界隔绝的影片之中，他的心智和视野得以拓宽，这不仅激发了他的好奇心和创造力，而且也让他经历了自己从未体验的冒险生活（他从未和父母旅行过）：地痞、海盗、士兵、富翁的生活，并在不同季节和时间畅游欧洲、亚洲、美国。在《开罗紫玫瑰》中，伍迪·艾伦尽显他与第七艺术（尤其是默片与黑白片）建立的纽带，该片堪称他对电影最美的爱情宣言，无疑是他所有影片中最美妙的一部作品。"在拍摄《开罗紫玫瑰》的时候，我记得自己受到了《阿玛柯德》[1]的影响。我想到片中一个城镇，那里有一家电影院，人物非常有特色。我想表现的正是那种怀旧与忧郁[2]。"

　　正如某些到教堂忏悔的信徒，塞西莉亚每周都到街区电影院反复观看一部名为《开罗紫玫瑰》的影片，这是由汤姆·巴克斯特（Tom Baxter）出演的一部歌舞剧，她沉湎于对这位当红演员的幻想之中。一到影片放映时间，她会忘记所有一切：她身上的淤青、暴虐偷懒的丈夫、顾客的咸猪手、老板对她的羞辱、令她窒息的不定因素。就像做梦那样，影片总会曲终人散，当灯光再次点亮、银幕暗下之时，重返现实让她痛苦不已。不过，只要她可以享受投影机带来的那一丝欣慰，塞西莉亚便会继续忍受下去——正如伍迪·艾伦通过将现实与生活在个人设定的框架中予

---

① 《阿玛柯德》（*Amarcord*），费里尼于 1973 年拍摄的半自传体影片，讲述了一个青少年对二十世纪三十年代的回忆，该片同年曾获奥斯卡最佳外语片。——译者
② Eric Lax, *Entretiens avec Woody Allen*, op. cit., p. 262.

以重组，并最终忘记始终困扰自己的负罪感那样。总之，这正是
虚构故事与浪漫传奇赋予现实的一种双重特性。还有什么比这更
浪漫吗？

> "我刚认识一个优秀的男人。他虽然是虚构的，但你也不
> 能要求太多。"
>
> 塞西莉亚（米娅·法罗饰）（出自影片《开罗紫玫瑰》）

回顾自己的生活（对于视觉的反思是导演影片的红线），塞西
莉亚期待生活有所转机。正如《匹诺曹》（Pinocchio）中盖比特
（Gepetto）的祈愿，塞西莉亚的愿望最终也得到了满足，电影人物
汤姆·巴克斯特最终留意到了女服务员，并在她坐在座位上的时
候向她打招呼。由于受人关注而甚感荣幸，这个人物于是走出银
幕与塞西莉亚相见，由此颠覆了空间维度的普遍意义。然而，这
个人物从银幕的消失酿成现实世界与虚拟世界的纷争，造成的局
面可谓混乱不堪。其实，《开罗紫玫瑰》不仅巧妙地运用了物理学
原理，而且还玩味自然和重力原则，由此让影片的戏法愚弄了所
有观众。与《西力传》如出一辙，该片正是通过在融合中寻找平
衡点来拓展戏剧情节。

1987 年 6 月，埃里克·拉克斯写道："伍迪已经从一名新生导
演变成一位著名导演[1]。"不过，导演寻觅的并非是世人的认可，
而是飞逝的岁月以及个人的回忆、幻觉与失误（据他而言在自己
影片中随处可见）。在动作片引领电影潮流时，好莱坞在赢得年轻
人好感的同时盈利颇丰，伍迪·艾伦却逆水行舟，丝毫不向市场
经济的警报让步。显然，这是他在形式、结构和思想上对主流法

---

[1] Eric Lax, *Entretiens avec Woody Allen*, op. cit., p. 89.

则的拒弃。此外，在二十世纪八十年代美国电影以男性人物主导的背景下，观众也见证了导演将女性（母亲、女儿、姐妹、妻子）置于银幕前台的祈愿。尽管受到影评界赞誉，然而《开罗紫玫瑰》并未将大批的美国观众吸引到放映厅。就院线首周的业绩来看，该片仅获得十一万四千零九十五美元的票房。不过，欧洲的票房业绩这次依然喜人，似乎这位纽约导演与旧大陆地处相同的时区一样。

1985 年，迪伦步入法罗的家庭，这个女孩为米娅在养子摩西到来之后不久领养。在和女演员同居五年多后，伍迪·艾伦提议共同收养这两个孩子，这让米娅满心欢喜，因为她总是梦想拥有一个和睦的大家庭。这种幸福是多么的美好！

家庭故事

继《开罗紫玫瑰》之后，导演又推出了四部长片电影：《汉娜姐妹》《无线电时代》《情怀九月天》与《另一个女人》。这几部影片风格各异，将不同外貌和性格的女性呈现在银幕之上。伍迪·艾伦不仅爱这些女性，而且他也知道如何将她们速写于银幕之上。尽管导演早期的电影以男性为主，这里他却引入全新的心理手法和视角，亦如福楼拜创作《包法利夫人》那样。这对世人而言也并非是个秘密，因为女性最美的肖像往往出自男性之手，而伍迪·艾伦正是这么一位魔术大师。毋庸置疑，在米娅·法罗走进艺术家的个人生活和职业生涯后，这对拓宽他的电影视野并非没有影响。比如，家庭主题显然不止存在于回忆之中，它不仅在银幕上更为频现，而且破裂情况也更为少见。在 1986—1992 年期间，米娅·法罗扮演过妻子、母亲、女儿、姐妹。这并非完全是个巧合，因为米娅于 1987 年为伍迪·艾伦生下儿子西默斯（Seamus）。

由此，导演在五十二岁第一次在"生物学"上成为父亲。

从他为米娅·法罗撰写女性角色起，伍迪·艾伦也并不再按照统一模式予以塑造。戴安·基顿带给艾伦的是轻松、自然、单纯，与她在一起的回忆既苦涩又美好。米娅则焕发出其他的特质，艾伦将她视为扎里格那样的变色龙。在她脆弱的外表下面，女演员有着坚强的性格，导演也十分赞赏在基顿和拉瑟身上看不到的这种坚韧（甚至是心理上的坚韧）。二十世纪八十年代，伍迪·艾伦的影片呈现的女性形象，她们不仅更为睿智、更为敏感、更有文化、更加仁慈，而且也更为坚强、更为苛刻、更加温柔、更加邪恶、更为悲哀，由此摆脱了男性统治影坛的局面。观众还依然记得艾维·辛格扮演皮格马利翁时，安妮居然向自诩教她所有东西的人说出"废话"这个字眼，无疑开辟了女性人物解放的道路。继玛丽（《曼哈顿》）、尤多拉博士（《西力传》）与汉娜（《汉娜姐妹》）之后，导演又塑造了许多坚强的现代女性形象。

在伍迪·艾伦勾勒的家庭图景中处于核心位置的米娅·法罗，成为了这片新天地的中心，由此满足并实现了他的祈愿。也正是凭借女演员的眼神，导演得以凿穿房屋的厚壁并作为不速之客突入其中。因为在他打开的每扇大门后面，不仅展现出不同氛围、装饰、秘密以及生活方式，而且也呈现出诸多变量和问题来反思家庭（对导演而言是个模糊的实体）的意义以及家庭在各个水平和阶段对成员可能造成的有利有弊的影响。在1986年推出的《汉娜姐妹》中，导演将家庭剧搬上银幕，其中"观众可以很容易看出米娅·法罗饰演的角色与两个妹妹和母亲（早年曾是当红演员）的情感冲突[1]，"正如弗洛朗斯·科隆巴尼写道。在拍摄《内心深处》时，伍迪·艾伦采取同样的方式，继续开拓女性隐蔽的领域，

---

[1] Florence Colombani, *Woody Allen*, op. cit., p. 58.

这些女性与他分享自己的生活并向他吐露心声，而他则将她们遭遇的悲惨经历写入剧本，且这其中涉及的个体不论是路易丝·拉瑟还是米娅·法罗：影片中自传成分依然存在，导演只不过是移动了光标而已（假象模式主动拉开距离）。总之，他保存了谈论自己与他人的这种天性。"在摄制过程中，我想留给观众那种和家人在一起的印象，她们都是非常出色的演员，完全知道如何制造那种氛围①。"

正如陀思妥耶夫斯基或托尔斯泰的名作，他们的家庭故事也十分精彩，伍迪·艾伦正是受此启发拍摄了以美国白人新教社会为背景的《汉娜姐妹》。在拍摄期间，导演对剧本原稿不断改动，还增加了几个辛辣的情节，比如他与米娅·法罗的争吵片段，片中他饰演汉娜（Hannah）的前夫米奇（Mickey）。影片的场景也颇具特色，因为影片大部分都在米娅的公寓内拍摄而成，她的几个孩子甚至还在片中出镜。由此，现实、虚构、人工、天然相互混合、相互交织并互为补充，由此造就了伍迪·艾伦电影独特的光彩。美国观众无疑注意到了该片的光彩，因为《汉娜姐妹》是导演自二十世纪八十年代以来第一部在商业上获得成功的影片。针对本片罗伯特写道："根据神圣的定时开关，这些玩笑没有爆出笑声，但却被剧本写作取而代之。然而，影片中对于虚无与荒诞的恐惧始终让我们局促不安，它不时引发一阵傻笑，不过有时又因为自鸣得意而戛然而止②。"显然，也很难有比这更为精当的评述。

今天来看，《汉娜姐妹》可谓是一部变化无穷的影片，这不论从叙述、节奏、布景，还是从手法、拍摄、空间上都是如此，而

① Stig Björkman, Woody Allen, *Entretiens avec Stig Björkman*, op. cit., p. 149.
② Robert Benayoun, *Hannah et ses soeurs. Guide heureux du parfait mal de vivre*，见于 1986 年 6 月第 304 期《正片》杂志。

艾伦在片中谈论的恐惧不论任何时代、季节和地点却始终没变：由他饰演的人物犯有疑病，此人坚信自己脑部的肿瘤正在毁灭他，这无疑是个鲜活的例证。由此，看不见的恐惧依然埋藏在心里。若说家庭始终在伍迪·艾伦的影片中出现，不过最初他也只给家庭场景几个镜头、几个片段而已（人们不禁想到维吉尔的父母和他们的表情）。然而，家庭在《汉娜姐妹》中却处于核心位置，正如城市在《曼哈顿》或音乐在《无线电时代》中那样。身为养父不久，导演自然不仅会对父母的角色加以反思（因为他与自己父母的关系历来飘摇不定，好像他是康尼斯堡家的外星人一样），而且也会对角色转换和教育效果进行审视。他在银幕上展现的这些家庭，它们表达了片中人物内心深处的混乱无序，有人通过精神分析师来解决这种混乱，有人通过掩盖逃避各种形式的交往或者将它躯体化。家庭是难以言表的伤痛，更是压在人头顶的阴云，正如《俄狄浦斯的烦恼》中主人公谢尔登（Sheldon）的母亲，她几年之后会翱翔在纽约上空对他指手划脚。

由于戈登·威利斯当时另有摄影任务，而伍迪·艾伦又不想打乱工作进度，所以便请来了意大利著名摄影总监卡洛·迪·帕尔玛①（代表作品有《春光乍泄》②和《约会》③）："我们谈了很多东西。这次的合作只有一点不同。他们都是优秀的摄影师，戈登在技术上更为娴熟，而卡洛则更多地带有欧洲风格，比较注重动作和移动④。"与《内心深处》依靠框架严谨和持续连拍有所不同，

---

① 卡洛·迪·帕尔玛（Carlo Di Palma, 1925—2004），意大利摄影师，以拍摄黑白片而闻名，曾多次与伍迪·艾伦合作，于1983年移居美国。——译者
② 《春光乍泄》（Blow-Up），意大利大导演米开朗基罗·安东尼奥尼于1966年执导的影片。——译者
③ 《约会》（Le Rendez-Vous），美国导演西德尼·吕美特（Sidney Lumet）于1969年执导的影片。——译者
④ Stig Björkman, Woody Allen, Entretiens avec Stig Björkman, op. cit., p.148.

伍迪·艾伦在《汉娜姐妹》中则更注重动作的流畅，这无疑让片风更为自然，由此为人物情感提供了融合的空间。片中人物在框架中移动，而框架本身从另一个视角来看也在移动和变化，而影片"每一节则专门献给其中的一位主要人物①"，正如斯蒂格·布约克曼所述。安提西尼学派告诉我们，犬儒主义正是在行动中发挥其效果与功能。在伍迪·艾伦选择让男女随音乐舞动起来并利用音乐发展人物的同时，导演也和第欧根尼那样选择了两条路径：本体论和辩证法。

影片以纽约为背景，片中身居豪宅的夫妇分分合合，讨论艺术与创造、灵感及其缺失的后果。《汉娜姐妹》对人物的灰心绝望加以嘲讽，其中米奇受死亡威吓，尽管不相信上帝，仍决定皈依天主教。他怀疑医药，却去咨询医生；他怀疑上帝，却信奉天主教。这是在他得知自己脑部没有肿瘤情况下，走出医院时做出的决定。作为一部纯粹的黑色幽默剧，《汉娜姐妹》备受媒体和观众的好评，并以这样可笑而荒唐的音符收尾。

怀旧爵士演奏

"片中不少情节都取材于我的童年回忆。我以前的确生活在一个成员很多的大家庭之中，里面住着祖父母、叔伯和姑婶……你在电影中看到的许多事情的确发生过。我与学校老师的关系的确如此，对广播的兴趣也的确如此，犹太学校的场景更是如此②。"

---

① Stig Björkman，Woody Allen，*Entretiens avec Stig Björkman*，op. cit.，p. 149.
② Ibid.，p. 153.

若说在二十世纪三十年代，广播在美国家庭生活中发挥着重要作用，那么对伍迪·艾伦而言，他一生对广播都可谓钟爱有加。在他童年时代，广播收音机虽然只是简单的家庭陈设，却是康尼斯堡家的构成部分，它将这个人口众多的家族黏合而非团结起来。对于这件可发声的神秘家用设备，导演拍摄了一部名为《无线电时代》的影片作为献礼。伍迪·艾伦借标题宣告了影片的怀旧色彩，重新掀起广播黄金时代的热潮，要知在拍摄该长片电影的1987 年，电视俨然已经成为最受追捧的媒介。在电影之前，他已经与广播建立了更为成熟的关系，广播可以说的是他的初吻。在动态影像出现之前，冲击都由声波产生。因此，《无线电时代》撩动的更多是观众的听觉，而非他们的视觉。

"虚拟的现实会不断影响人的想像①。"

伍迪·艾伦曾对斯蒂格·布约克曼说："我感觉应该由我本人来讲述这个故事。"诚然，讲述者的角色让回忆在他的声音中得以重现，不过我们也可以从乔（Joe）这个人物身上找到。乔是个十二岁的棕发男孩，内心充满狡黠与忧郁，与当年的艾伦年龄相仿。故事发生的那个年代，正是广播让日常生活充满了欢快的气氛。导演以寓言的方式讲述自己的广播岁月与那些幸福的时光，并在观众内心勾起对往昔的回忆，这就好比是有爵士乐伴奏的逸闻趣事、通俗歌曲或音乐盒播放的歌曲。若说这是他在内心倾诉的一则寓言，那么其意义则是多重的。因为艾伦将未成年人和成年人的世界糅合起来，突显出生活对两个不同领地的冲击。人们在听

---

① Robert Benayoun, *Radio Days. Sous le pavé*, *la fable*，见于 1987 年 7—8 月第317 期《正片》杂志。

到远处梦境破碎声的同时，也听到了回忆归于沉寂的声响，这无疑是一幅内容繁杂的镶嵌画。

> "在《无线电时代》影片开头，我让观众看了海边我成长的地方。那天真是糟糕透顶。当时海浪拍击着沙滩，我以叙述者的身份说：'我成长的地方如此美丽。'观众捧腹而笑，但我是认真的①。"

正如《丹尼玫瑰》，该片的叙述也由逸闻趣事构成。影片并非只有一个主要情节，而是几个情节互相交错，由此将一个青少年和三位女性的命运交织在一起，让他们经历岁月的往复与变迁：萨利·怀特（米娅·法罗饰），梦想成为歌唱家的香烟售货员；乔的母亲，沉浸于昔日的爱情而难以自拔；乔的姐姐（黛安娜·威斯特②饰），不断参加约会的舞厅常客。伍迪·艾伦坦言："类似《无线电时代》的影片提出了一类特殊问题。当你没有情节推动发展的故事，当你只靠逸闻趣事时，我感觉这里的诀窍在于，你必须依靠每个元素自己的光彩、自己的节奏、自己的风格③。"在一栋大肆装潢且古怪和谐的公寓中，导演唤醒昔日的鬼魅，并闭上眼睛回忆过去的颜色、气味、形态和感触，与今日这番乏味的景象早已大不相同。

"真正的灵感在于，我想回忆自己童年中所有重要的歌曲。事情也正是这样。在我以文字记载有关这些歌曲的回忆时，我便从

---

① Stig Björkman, Woody Allen, *Entretiens avec Stig Björkman*, op. cit., p. 177.
② 黛安娜·威斯特（Dianne Wiest, 1948—　），美国女演员，曾出演伍迪·艾伦执导的《开罗紫玫瑰》和《汉娜姐妹》。——译者
③ Stig Björkman, Woody Allen, *Entretiens avec Stig Björkman*, op. cit., p. 155.

其他场景和事件中获得灵感，这随即又强化并丰富了这些回忆[①]。"
怀特家宾客的进进出出，茶桌边的闲言碎语，转播的棒球比赛，每
次错失本垒打发出的唏嘘，和姨妈在纽约的漫步以及伍迪·艾伦童
年时代庆祝的犹太节日，这些都让他想起被人捏脸蛋的情景；与重
要事件混合播报而毫无价值等级差别的小故事："珍珠港事件，奥
逊·威尔斯造成的虚惊，小姑娘落入水井让所有人经历集体创
伤[②]。"这一切好比我们与伍迪·艾伦一道穿越了时光魔镜，而他也借
《无线电时代》把绝技发挥得淋漓尽致：将虚构、再现、叙述推至极
限，判断边界的密闭性，通过虚构故事让私密内容变得高雅，正如
1997 年推出的《解构哈利》中，朱迪·戴维斯[③]扮演的角色对畅销书
作家哈利（Harry）吼道："你把我们的痛苦变成自己的金子。"

　　为避免陷入包法利主义的诱惑之中，伍迪·艾伦拍摄影片的
主题不仅让人痛苦与分裂，也让人恶心而欣慰。他最终以电影为
手段，驱除了妨碍个人寻找长久幸福和海上航道的所有恶魔。因
为他深谙生命的荒诞，因为永久轮回并非神话，导演继续从影片
拍摄中探求真实的本质，而本能也不断促使他去通过内省得以醒
悟。若说伍迪·艾伦不喜欢人们评论他的个人生活，他本人则选
择用摄像机打开属于自己的领地，以便掌控其中的入口和出口、
真相和假象。然而，随着自我表露的深入，即便他采取了间接方
式，他还是让对手抓住了一些把柄。对此，《俄狄浦斯的烦恼》可
谓是个预警，片中他刻画了一个人物，名声被突然浮现在天空中
的母亲败坏。随着二十世纪九十年代的到来，媒体也将对他的影

---

① Stig Björkman, Woody Allen, *Entretiens avec Stig Björkman*, op. cit., p. 159。

② Robert Benayoun,《*Radio Days. Sous le pavé, la fable*》, op. cit.

③ 朱迪·戴维斯（Judy Davis, 1955—　 ），澳裔美国女演员，此前曾出演《我的璀
璨生涯》（*My Brilliant Career*, 1979）、《印度之行》（*A Passage to India*, 1984）
等片。——译者

片宣判"死刑",那种无忧无虑的爵士年代俨然已经远去。

　　　"我在想回忆是人拥有的东西,还是人失去的东西。"
　　　　　　玛丽昂(吉纳·罗兰饰)(出自影片《另一个女人》)

　　"我不喝酒、不抽烟、不吸毒。我生活最主要的事情,是出去看电影或街头散步……身为纽约人,我喜欢混在麦迪逊广场的人群中间。如果可能的话,我可以整天演奏爵士乐。我认为自己的名人形象,是自己在床上可以受到十几个少女的惊吓,尽管这不会对我造成什么伤害。我想在公众眼里,我肯定是个怪胎①。"

＊　＊　＊

　　　"为了合作而改变的策略会把意欲改变的人卷入集体抑郁之中。最终,比他人更为活泼的个体也会成为最忧郁的个体,因为他几乎不可能有其他情况②。"

　　到这个阶段,存在如下事实:伍迪·艾伦越是面向世界,他就越愤世嫉俗;而越是自我封闭,他就越忧郁不堪。由此,我们可以对艾伦式矛盾予以总结(往往从电影中的音乐选择得以强化)。如果艾伦刻画的人物要求对世界有个清晰的解读(所谓的全球视野),他们眼中显出的失望将会扰乱他们的洞察力,而当现实不堪忍受时,大多数主人公都会逃避于个人的幻想之中(由此大幅改

----

① 此处系 Woody Allen 之言,由 Nathalie Gittelson 于 1979 年 4 月 22 日载于《纽约时报》。
② Peter Sloterdijk, *Critique de la raison cynique*, op. cit., p. 273.

变了画质）。然而，正如昂弗翁和斯劳特戴克在他们的文章中阐述的那样，犬儒哲学家会主动面向当前，张开双臂去迎接，以便将当前扼杀。

自《曼哈顿》以来，他对自己时代的排斥采取了全新的方式。在落后于这个时代后，导演试图借助虚构故事来驯服、解构时代的曲线，并借助所有可以利用的手段突入那些幽禁的地带。他在二十世纪八十年代拍摄的每部作品都对以前的作品加以映照，使自己的作品互相补充、互相对比、相互争论并互相应答。在伍迪·艾伦的影片内部，甚至对话也相互指涉。这里的问题是：他是在直面岁月，还是畏惧岁月？同时，导演也将虚构和真实加以映照，把人物形象双重化（既狡猾又有才华），以便将这种映照搬上银幕后，不至于蹉跎不前而陷入绝境，正如苏格拉底与柏拉图展开的一些对话那样。

> "犬儒主义者采取被动姿态。行动要求参与现实并与之发生冲突，这是一种与世界对抗的特殊斗争[1]。"

二十世纪八十年代见证了艾伦诸多的转变：这不仅包括针对个人出身（文化、社会与宗教）以及当今现代人心绪不宁的转变，而且也包括针对个人理应采取行动（职业、人际与家庭）的转变。"毫无疑问，正是因为时间每时每刻都无情地将我们与自身疏远，于是我们会向真正的、超时空的自我让步，逃离自己各种经历的禁闭，进而走出我们有限的个性，以便与普遍的人性相互交流[2]。"

---

[1] Michel Onfray, Cynismes. *Portrait du philosophe en chien*, op. cit., p. 66.
[2] Claude-Edmonde Magny, *Histoire du roman français depuis 1918*, Seuil, 1950; réédition 1971, p. 192.

追寻逝去的时光并重造现实，每当伍迪·艾伦感到危险时，他便屈服于这种诱惑之中。于是，他拿起武器并选择黑色电影作为枪支向百老汇开火，以驱除妖魔鬼怪并摆脱那些碍事的负担，比如自己的情人。正如卡拉马佐夫兄弟所说："既然上帝不存在，那么一切都是允许的。"

　　"还有尼采和他永久轮回的理论。他说我们会永远周而复始地以同样的方式生活下去。太好了！那我不得不坐着再看一遍《冰上假日》，这真不值得……"

　　　　　　　　米奇（伍迪·艾伦饰）（出自影片《汉娜姐妹》）

第5章

黑色幽默

"有谁能知道人的心中藏着怎样的痛苦？影子知道①。"

　　1987 年，在《无线电时代》上映的同时，导演还推出了《情怀九月天》，这是一部带有契诃夫风格的剧作，被评论界定性为家庭生活剧。本片的摄影布景受米娅·法罗乡村别墅的启发而搭建。伍迪·艾伦在片中塑造了一位过于敏感的女性，回到童年的住所寻求庇护，以躲避蛮横母亲的控制。剧组人员有克里斯托弗·沃肯②、莫琳·奥沙利文（米娅·法罗的母亲）和查尔斯·德宁③。在影片杀青后，由于导演对结果不太满意，于是他决定启用山

---

① 伍迪·艾伦，《乱象丛生》，见前引书。
② 克里斯托弗·沃肯（Christopher Walken，1943—　），美国演员，曾出演《蝙蝠侠归来》（*Batman Returns*，1992）、《断头谷》（*Sleepy Hollow*，1999）等。——译者
③ 查尔斯·德宁（Charles Durning，1923—2012），美国演员，一生出演电影 200多部，代表作有《春城花满天》（*The Best Little Whorehouse in Texas*，1982）等。——译者

姆·沃特斯顿①、伊莱恩·斯特里奇②和丹霍姆·艾略特③来替换上述三位主角，并对同一部电影进行了二次拍摄。这件逸事充分表明伍迪·艾伦追求卓越时的锲而不舍，以及那种不甘平庸、绝不迁就的魄力。

> "如果我不接受精神分析治疗，我也不会每年拍摄一部电影。当人偏执于自己的问题，深感不安且情绪抑郁，也就不可能自我专注……长沙发上的一次治疗，就好比健身房的一次锻炼，而精神分析师就好比是我的私人教练④。"

在《情怀九月天》中，他的完美主义从各个层面得以展现。他的执导水平经常受到业界赞扬，他既不能违背自己的名声，更不能为了避免惹恼剧组人员而辜负观众的期待。一切都为了艺术，而他也只注重艺术，其余事情则无足轻重："如果要我花四周时间补拍，那为什么不用六七周重拍整部影片呢？于是我想：'为什么不尽善尽美呢？我要选用不同的演员，我要为母亲的角色另外找一个女演员⑤。'"于是，母亲这个影子角色的地位反而愈加重要起来。在以前的电影片段中，观众也看到过《傻瓜入狱记》中维吉尔的母亲、《安妮·霍尔》中艾维的母亲以及《无线电时代》中乔

---

① 山姆·沃特斯顿（Sam Waterston，1940—　），美国演员、制片人、导演，曾出演影片《玻璃动物园》（*The Glass Menagerie*，1973）和电视连续剧《法律与秩序》（*Law & Order*，1990—2010）等。——译者
② 伊莱恩·斯特里奇（Elaine Stritch，1925—2014），美国女演员、歌星，曾出演《法律与秩序》和《情怀九月天》等。——译者
③ 丹霍姆·艾略特（Denholm Elliott，1922—1992），英国演员，曾出演《看得见风景的房间》（*A Room with a View*，1985）获最佳男配角。——译者
④ 此处系 Woody Allen 所言，具体见 2005 年 1 月 12 日的《费加罗报》。
⑤ Stig Björkman，Woody Allen，*Entretiens avec Stig Björkman*，op. cit.，p. 165.

的母亲。然而，在让人联想到《内心深处》的《情怀九月天》中，母亲已不再居于次要地位，而是处于首要地位。由此，俄狄浦斯情结也缓慢而痛苦地呈现出来。导演在电影中再现的母亲不仅构成阉割威胁，而且抑郁寡欢、谎言不断、难以忍受、令人尴尬且爱心不足，她们可分为两种：白人母亲与犹太母亲——功能决定形式。

　　"你和妈妈，谁才是老板？／当然我是老板。妈妈，她只是决策人。"

　　麦克斯与莱尼（伍迪·艾伦饰）（出自影片《无敌爱美神》）

　　因此，导演需要在《情怀九月天》中塑造一位女性，她不仅能博得观众的同情，而且也能激起他们的愤怒和恐惧，正如菲德拉（Phèdre）或美狄亚（Médée）等悲剧女主角那样，她们不仅让人无法直视，而且信仰全无。以往那种搞笑已不复存在，而评论界乐于默记的台词也逐渐销声匿迹，于是人们开始像以前诋毁者始终谴责的那样谴责艾伦：缺乏深度且主题重复。不过，生活又何尝不是一连串景象的重复和轮回？借助电影的（抚慰）力量，导演得以掌控生活的主旨和趋势及其意义。与先贤一样，伍迪·艾伦勤于思考；与哲人一样，他勇于争辩；与医生一样，他敢于实施。显然，他探讨的问题是永恒的，而《情怀九月天》与《俄狄浦斯的烦恼》中母亲角色的主动出场，由此开启了导演影视作品中极为重要的章节。从《俄狄浦斯的烦恼》到《名人百态》，在救赎与天谴、自恋与升华之间，片中的男性人物以为获得了绝对的自由，但似乎他们都要经历自由受限的滋味，因为片中的女性往往对他肆意干涉，且她们的意愿有时还带有极权主义的色彩。

　　"对人们来说，生育是一种补偿。甚至有时候，生育是一个男人或一个女人生活全部的、部分的或绝对的意义，他们因此才能承受生活中其他的痛苦①。"

就个人生活而言，导演也曾有过最美的日子。继《爱丽丝》之后，米娅·法罗与他竭力维持的情感逐渐归于沉寂。随后，谣言四起：这应该跟另一个女人有关。几个月之后，众多猜疑演变为控诉，这让伍迪·艾伦深感眩晕、大冒冷汗；在《曼哈顿谋杀疑案》中，他在向奥逊·威尔斯和希区柯克致敬的同时，还对这次冒冷汗的经历大加利用。在 1992 年推出的《丈夫与妻子》中，阴影与迷雾覆盖了一对夫妇所居公寓的四壁，两人也以关系破裂并向好友宣布离婚结束。在这期间，爱情宣告死亡于是成为艾伦影片中的主旋律：受挫之后借自慰自我释放。这里，不应忘记《安妮·霍尔》中艾维·辛格的反驳，其中他也承认自慰是他与世上最爱的人做爱。

"圣贤不会让欲望异化自己，他们通过快乐将欲望遏制于无形，因为这是力比多唯一的疗方……犬儒主义者追求自我享乐，偏爱快感之后获得的那份宁静，同时确信在那种状态之下可以弃绝一切②。"

横向与纵向

"当你认真地注视镜子中自己的脸，你发现某种东西在消

① Stig Björkman, Woody Allen, *Entretiens avec Stig Björkman*, op. cit., p. 169.
② Michel Onfray, *Cynismes. Portrait du philosophe en chien*, op. cit., p. 48 - 49.

失，那时你会意识到这就是自己的将来。"

黛安娜（伊莱恩·斯特里奇饰）（出自影片《情怀九月天》）

在伍迪·艾伦迈过天命之年后，他与时代对抗的风格逐渐在影片中趋于缓和。继《无线电时代》等怀旧影片之后，导演直击当下并将片中描绘的人物直接定格在当前的时空维度。这个维度不仅更加平坦，而且也更贴近日常生活，导演于是对日常琐事更为关注，从而突破了单调的影片风格。1987—1992 年期间，大多数电影都是在室内取景并在摄影棚拍摄，而伍迪·艾伦电影中像人们之前从《安妮·霍尔》、《曼哈顿》、《仲夏夜绮梦》或《无线电时代》中看到的那种外景，也就越来越值得观众赞赏、惊叹与期待。在这几年中，唯一的魔幻插曲要数《俄狄浦斯的烦恼》，这是一个深入探讨弗洛伊德主题的犹太故事。

正如罗伯特在评述《情怀九月天》时所言，导演在片中似乎期望很高，这并非针对这个世界，而是针对他本人。在《安妮·霍尔》中的一个床戏片段中，女主角的身影出现了双重——安妮吸食大麻的瞬间，她的自我、超我和本我也借此重新连接起来。此外，《情怀九月天》、《另一个女人》、《爱丽丝》或《丈夫与妻子》也留给我们同样的感觉。其实，我们会发现这些影片中存在一种垂直结构，一条直线上下贯通，将伍迪·艾伦为银幕创造的世界分割开来。视角的变化导致内、外聚焦的变化。由于刻意强调这种区分，这让导演丢失了他对细节的专注。除援引弗洛伊德、伯格曼、契诃夫、田纳西·威廉姆斯[①]等杰出人物外，从他本人和借

---

① 田纳西·威廉姆斯（Tennessee Williams，1911—1983），美国剧作家，代表作有《欲望号街车》（*A Streetcar Named Desire*，1947）、《热铁皮屋顶上的猫》（*Cat on a Hot Tin Roof*，1955）等。——译者

用的素材之中，我们基本找不出任何其他的东西。

莫非导演在与自身做斗争？还是他的自我企图扼制本我？这些合理的问题无非是导演的超我激荡的浪潮而已，而他的超我又是最近身为人父后唤醒的结果。这正是弗洛伊德精神分析自我勾勒出来的动因，它通过无意识语言和性理论从俄狄浦斯情结转变为癔病，而伍迪·艾伦为神经病撑起的幕布则通过自由联想发挥功能。《情怀九月天》、《另一个女人》、《罪与错》、《丈夫与妻子》等影片可谓是针对转移概念的方法论，透过转移机制导演的人格也由此浮现出来。这是一种令人焦虑的遁隐人格，它偏爱简练的风格。1997 年推出的《解构哈利》，无疑是形式、时间、身份与现实骤然爆裂的结果。然而，在彻底揭示其中的程式以前，伍迪·艾伦决定将一切都抛之于众，在这些影片中描绘一系列弗洛伊德本人理应热衷的案例。他倾听女儿与母亲、母亲与子女、丈夫与妻子以及男人与情妇之间存在的问题。显然，他是一名探究个人隐私的导演。

　　"生活中确实很难让情感和理智一致……要知道我的父母甚至不太友好。"
　　克利福德·斯特恩（伍迪·艾伦饰）（出自影片《罪与错》）

内心的情结

　　"我始终感觉很少有人活得比一个母亲长。"
　　艾萨克·戴维斯（伍迪·艾伦饰）（出自影片《曼哈顿》）

与《内心深处》正好相反，《情怀九月天》出于动态考虑抛开了那种狭窄的静态视角。本片采用连续拍摄手法，让观众感觉摄像机就好比一个全知人物、一只无形的眼睛，看着人们亲密无间地生活而不知羞耻，且丝毫不去回避那些死角。摄像机漫步于各个房间，穿过墙壁，介入夫妇之间，以揭示主人公的真正本质。没有摄像机，面具就不会脱落。摄像机好比一面变形镜，艾维、艾萨克、迈尔斯等其他男性人物的神经症借此得以彰显，同时它也揭示了二十世纪八十年代末期伍迪·艾伦在银幕上塑造的女性人物内心的痛苦和身体的折磨。因此，《情怀九月天》、《另一个女人》和《俄狄浦斯的烦恼》互相回应，而每部影片则代表着精神分析的一种运动逻辑。

第一次运动《情怀九月天》揭示了脐带断裂的过程。片中，导演讲述了一位患抑郁症女性的故事。由米娅·法罗饰演的莱恩（Lane）只身回到自己童年生活过的房子，那里地处佛蒙特州边界。此时夏天即将结束，雷暴天气频发。灰、白、红主导了该片的色调。与怀旧相符的颜色逐渐远离莱恩与这所房子。观众很快就明白，这位四十岁女性的症结所在与戴安（Diane）这个人名有关，此人正是她的母亲，且极端的自私自利。母亲的突然到访由此搅乱了莱恩所有的自我治疗工作。《情怀九月天》残忍地揭示了如下论题，即父母与子女之间纽带并非天生，而血亲法则也并非必然确保隔代或同代之间的亲情。虽说犹太-基督教义以及社会礼节倡导父母与子女彼此应慈爱有加，但由于伍迪·艾伦本人曾遭受过母亲的弃绝与冷漠，于是他便不遗余力地揭示这种社会基石的荒唐可笑。

　　"这不可避免地带有契诃夫的风格，因为我们在片中看到一群中年人，聚在一栋乡村房屋内，梦想和痴情被辜负，而且前景惨淡①。"

　　第二次运动《另一个女人》涉及转移和有意识-无意识投射。片中，哲学教授玛丽恩（Marion）对自己的人生加以总结。她独居的公寓萦绕着话语之声，因为楼下的声音经过通风口传到了她的屋里。她无意发现了一位女性与精神分析师的谈话，并对其中的故事兴致盎然，亦如有些人对连载小说着迷那样。受自己的好奇心驱使，她决定与这位发出声音且生活悲惨的女性碰面，以便将人物形象与她的声音关联起来。由她精心策划的碰面最终演变为定期的约见，而玛丽恩与霍普（Hope）也成为了好友。由于前者没有子女，于是她将个人受挫的愿望转移至后者身上。这部影片由此成为两个女性进入个人无意识的一场旅行，其中过去牵制着她们，未来又让她们焦虑，而这个主题也总被伍迪·艾伦置于影片的首要位置。《情怀九月天》与《另一个女人》塑造的人物竭力认清自己的处境，她们时而驻足时而停顿去反思自己的人生。前者带有契诃夫的味道，后者带有伯格曼的风格。玛丽恩、霍普与莱恩（《情怀九月天》）三人都承受着心理上的痛苦，她们都将重估自己的家庭、婚姻、职业和社交生活。如同艾伦审视自己的选择那样，她们不仅对自己的选择加以反思，而且也审视自己宏伟的梦想。导演的摄像机所要勾勒的，正是个体意识的徐徐觉醒及其无意识的举动。在影片结尾，玛丽恩转变成了另一个女人，而艾伦本人也肯定在美学、艺术和哲学上获得了那份感悟。

　　　"不是每个人都在朝宏伟的目标前进，也没有任何情况能

---

① Stig Björkman, Woody Allen, *Entretiens avec Stig Björkman*, op. cit. , p. 172.

让我们为了美好的明天而在现今受罪①。"

最后的第三次运动《俄狄浦斯的烦恼》名如其实，因为影片描述了俄狄浦斯情结的著名轨迹并对此大加讽刺，观众很容易就会想到艾萨克·戴维斯的反驳："多年以前，我写了一个有关自己母亲的短篇故事，名为《阉割犹太复国主义》。在这部中等长度的电影中，导演对童年时期个人备受折磨的阉割焦虑冷嘲热讽。他在片中讲述了谢尔登（Sheldon）的故事，主人公为让自己讨厌的犹太母亲闭嘴，便带她去看魔术表演，并祈求上苍让母亲消失，因为她从他断奶以后就让儿子倍感厌烦。然而，这种祈愿却带来了不幸，因为谢尔登的母亲不仅没有消失，而是以立体形式出现在纽约，她的身影浮现在天空，进而成为投射他所有耻辱的银幕。这个不幸的犹太男人难以逃脱自己的困境，被母亲从衣领揪起并时刻提醒他的责任，伍迪·艾伦将其再现银幕以祛除命运的摆布。他深谙一切都会过去，即便暴政亦是如此。

"我今年五十岁，是一家大型律师事务所的合伙人。你知道我在事业上很成功，不过我还没有解决自己与母亲之间的情感纠葛。"

谢尔登（伍迪·艾伦饰）（出自影片《俄狄浦斯的烦恼》）

这三部影片得以让我们更好地理解导演的后续作品以及由此逐渐成形的犬儒特征。通过以精神分析作为基底织物，伍迪·艾伦以花边织女般的精细，确定无疑地选择弗洛伊德而非美化道德

---

① 此处涉及海德格尔（Heidegger）有关虚无主义的定义，具体见 Peter Sloterdijk, *Critique de la raison cynique*, op. cit., p. 262。

的上帝作为自己的立场。针对自己的犹太笑星身份，他通过改变布景刻意与之保持距离，于是偏爱陈设更为考究的沙龙，而非大众沙龙。这是他势利的结果？并不是。这只不过是资产阶级化激发的一种对于病态的表征而已，他拍摄的那些房屋和公寓，内部往往空置或陈设极少，充分体现出个人所处其实与监狱的徒壁无异。然而，在这整齐的线条和清晰的视角背后，始终隐藏着同样的繁乱。这种繁乱只有一个原因：教育。家庭是个巨大的虚幻？难道生儿育女的愿望在他看来只是资产阶级的愿望？这些问题激荡着二十世纪八十年代末期伍迪·艾伦的电影，同时也在随后的年代继续向前迈进。

在完成《另一个女人》的拍摄不久，导演与伴侣及其子女——迪伦、摩西、西默斯（当时还是个婴儿）——赴欧洲度假。然而，这次旅行也并非单纯只是为了消遣，因为《罪与错》正是他在宾馆期间受到启发而创作的剧本。该片讲述了一位不忠的丈夫遭情人威逼，后者扬言要向他的妻子告发一切。若说在《另一个女人》中，除人物对于自我的反思和追求引发的骚动外，影片气氛总体显得安静祥和，那么在《罪与错》中，影片氛围简直算是暴风骤雨。由此，他又斜向迈出了新的一步，并撼动着其他人的道德尺度。

做出选择

"如果有人让我在五十岁时对自己的人生进行总结，我会毫无疑问地坚持认为，我在个人情感上和事业上都很完满。但是我没法走得更远，这倒不是因为我不将自己人格中最阴暗的一面呈现出来。不过，我始终认为如果事情没有进展，就应该原地不动。"

伍迪·艾伦向斯蒂格·布约克曼解释说,《情怀九月天》中的玛丽恩"在生活中没有做出正确的选择。她的选择看似稳妥、冷静,但却从来不是最正确的选择①"。总之,她是诱惑的化身,艾伦从未拜倒在她脚下;她为人中庸、谨慎、呆板,与这个男人全然不搭。在《罪与错》中,导演继续对存在主义加以审视,并让我们反思宗教世界中的道德问题。他在影片中塑造的人物朱达·罗森塔尔(Judah Rosenthal),可谓是罪人中的罪人(影片讲述了五位处于危机中的男性)。他不仅对自己的妻子不忠,而且还向情人撒谎并做出许多无从兑现的承诺。然而,若说他喜欢分享并享受这种婚外关系带来的不定心跳,由安杰丽卡·休斯顿②饰演的这位情人则想得到更多。她想占有一切:他(全部)的时间、他唯一的爱、他的关注,且一切都只能为她。胆小的朱达根本没法满足她的这些愿望。更糟糕的是,他设置了一个计划,准备将她公告天下的秘密埋藏于黑暗之中。他将自己的计划吐露给了弟弟杰克(杰瑞·奥巴赫③饰),后者虽然开始有些吃惊,但还是对朱达的务实和冷静赞赏有加,而朱达也很快克服了自己的懊恼。因为朱达不相信上帝的救赎与惩罚,尽管他与弟弟接受过严格的宗教洗礼。对于儿时父亲所说的"上帝的眼睛"他也并不畏惧,因为他如今已经成了有名的眼科大夫。

"在一生当中,我们始终面对着痛苦的选择,其中包括道德上的选择。有些选择比较重要,但大部分选择都不太重要。

---

① Stig Björkman, Woody Allen, *Entretiens avec Stig Björkman*, op. cit., p. 188.
② 安杰丽卡·休斯顿(Anjelica Huston, 1951—),美国女演员,曾出演伍迪·艾伦的《罪与错》和《曼哈顿谋杀疑案》。——译者
③ 杰瑞·奥巴赫(Jerry Orbach, 1935—2004),美国演员、歌星,曾出演《罪与错》(1989)和《美女与野兽》(1991)等。——译者

但是，我们通过做出的选择来定义自己。其实，我们就是自
己选择的总和。"

　　克里夫（伍迪·艾伦饰）引述虚构的莱维神父的话（出
自影片《罪与错》）

　　《罪与错》的风格介于轻喜剧、黑色电影与惊悚片之间，该片
平行再现了两位人物的生活轨迹，其中每个人都各有罪责和讽刺。
本片集情杀犯罪、艺术妥协、黑手党历史和客观混乱等主题于一
体，在混沌和爱欲之间获得了完美的平衡。伍迪·艾伦本人也曾
说，混沌和爱欲"也是剧作家的常用技法。浑沌刺激而有趣，爱
欲令人着迷。因此，二者的结合效果非常好①"。进退两难、道德
选择、扯谎、生本能、死本能、人在宇宙中的所处、伦理秩序的
问题、兄弟情谊等众多主题在《罪与错》中爆裂开来，而本片也
史无前例地对善与恶之间的道德界限予以冲击。伍迪·艾伦为马
丁·兰道定制的这个男性角色，其内心只有自己选择的价值观念
而别无他物，他宁可让世界屈服来适应自己，也不让自己屈服去
适应世界。正如伍迪·艾伦评述，这个不可知论者生活在"一个
没人可以惩罚他的世界里，除非他自我惩罚②"。妄自尊大？显然
不是。实用主义，始终如此。

　　"许多人选择过一种绝对的自我主义生活，其中包括杀
　　人。他们在想，'既然一切都没有意义，而且可以杀人不用偿
　　债，那么我要杀人'。但人也可以这么想，你自己活着，别人

---

① Stig Björkman, Woody Allen, *Entretiens avec Stig Björkman*, op. cit. , p. 203.
② Ibid. , p. 205.

也活着，你和大家呆在同一条救生艇上①。"

《罪与错》无疑是对犬儒主义的献礼。片中，伍迪·艾伦不仅质疑了最高道德秩序（上帝），而且颂扬了决定人生转折的运气与机遇。在推出《赛点》的十五年前，一切都已近在咫尺。朱达去倾听并满足自己内心的欲望，他同时也知道不应疏远它们。他对多洛雷斯（安杰丽卡·休斯顿饰）的感情没有损害他的理性，当他欲望的果实腐烂时，他会毫不犹豫地将果树砍倒并将其抛于荒野。于是，这位已婚男人杀死了情妇，以阻止自己对妻子不忠的流言四处蔓延。在谋杀之后，朱达重回生活轨道，之前的冲击也由此得以控制，这其中显然看不出任何道德的痕迹。由此，自由仲裁讨回了自己的所有领地，自保本能重获高于其他一切的自然权利。对此昂弗翁写道，"彻底实践的犬儒主义导致自我愉悦。"这种满意状态清晰地浮现在朱达这个放肆的机会主义分子脸上，而情感由此履行了它的义务。正如扎里格自我辩解那样，"似乎应该这么做。"

生命不能承受之轻

在出演《仲夏夜绮梦》多年之后，米娅·法罗成为伍迪·艾伦之子西默斯的母亲，自此伍迪·艾伦便使她以另一种方式出现在电影中。在《仲夏夜绮梦》中，女演员身穿白色刺绣长裙，头戴花冠，步入伍迪的电影世界（也是她首次亮相银幕）。她的出现让片中人物眼前一亮，大家对她的美貌惊叹不已。但在《爱丽丝》中，导演让她穿戴的行头就不那么夺人眼球：发箍、齐肩短发、印

---

① Eric Lax, *Entretiens avec Woody Allen*, op. cit., p. 150.

花开衫、珍珠项链、厚料服装和丝巾。显然，这种装扮自此将带给她的伴侣极大的灵感：在银幕上投射一位资产阶级母亲，而非投射个人的性幻想。

于是，《爱丽丝》将米娅·法罗塑造成一位富裕模范家庭的母亲，将自己奉献给婚姻、家务和孩子。这位母亲始终压抑着真实的自己。直到有一天，她与一位英俊而忧郁的陌生人四目相交并为之怦然心动，她的第一份天职才被动摇。既非幸福，也非不幸，爱丽丝只想感受些许心悸以唤醒个人的常规生活。在遭受幻想袭击而无力自拔的情况下，她遵从几位英明朋友的意见，来到唐人街杨大夫（Dr. Yang）的药铺，此地远离那些环境优雅的街区。这次造访将彻底改变她的生活，因为她从药铺买到一种可以让她隐形的魔力药水，并为她开辟了一块神奇的天地。伍迪·艾伦解释说，"人需要填充内心生活，于是他们需要相信点什么。有很多东西可以服务于这种目的，于是它们就出现在电影里了[1]。"

卡洛·迪·帕尔玛的摄影令人刮目相看，可谓本片的画龙点睛之笔。《爱丽丝》明确提出"我是谁？"的问题。当她坐在床上一边沉思，一边锉指甲的时候，在看到屋内一切都井然有序，她不禁想到自己的处境。她为自己孩子所做的牺牲真的有用吗？等他们长大翅膀硬了飞离家门之后，她还能继续生活下去吗？身为女人，她何时会逝去芳华？这些问题在她的头脑中不断涌现。在隐形之后，她可以阻止时间的脚步，逃脱时间的侵袭，像风一样自由。她内心的冲突源于她个人诉求之间的矛盾：是作一位母亲，还是一个芳华永驻、万众倾慕的美人。简单说来，一位女神。然而，就从未对自己的母亲抱任何幻想的伍迪·艾伦来说，这两种角色绝对不会共存一体。于是，这个寓言故事除虚幻和轻浮外，

---

[1] Stig Björkman, Woody Allen, *Entretiens avec Stig Björkman*, op. cit., p. 222.

又被赋予苦涩的滋味。

> "我们和其他人不一样,我们是艺术家。既然天分过人,就要承担责任。"
>
> 丑角(约翰·马尔科维奇①饰)(出自影片《影与雾》)

在《爱丽丝》拍摄结束时,伍迪·艾伦住进了医院。外界正式的说法是劳累过度。尽管工作过度,但其实威胁他的是抑郁症,表现为他与米娅·法罗经历的危机以及身为人父令他不堪忍受的那些义务。1991年,领养迪伦和摩西的计划也最终有了结果,前后历时近四年之久,过程漫长、耗人心力。随后,他东山再起,接受了《爱情外一章》②中的一个角色,片中他与贝特·迈德尔③一道出演,该剧由保罗·马祖斯基④执导,发行则由试金石影业负责。坊间传说艾伦在拍摄中耍大牌,不仅要求司机开豪车接送,还为自己的孩子索要迪士尼乐园的门票。也正是这个时候,他与奥利安影视公司的合同也刚到期,马祖斯基所在的制片公司迪士尼影业有意招伍迪·艾伦成为自己旗下的一员。不过,导演最终还是与以飞马为图标的三星影业签订了合同。

继在《罪与错》中对自我加以反思后,导演在1991年推出的

---

① 约翰·马尔科维奇(John Malcovich, 1953—),美国演员,曾出演名剧《推销员之死》(*The Death of a Salesman*, 1984)和《心田深处》(*Places in the Heart*, 1984)等片。——译者

② 《爱情外一章》(*Scenes from a Mall*),于1991年由保罗·马祖斯基执导的影片。——译者

③ 贝特·迈德尔(Bette Midler, 1945—),美国歌手、演员,曾出演《歌声泪痕》(*The Rose*, 1979)、《家有恶夫》(*Ruthless People*, 1986)等。——译者

④ 保罗·马祖斯基(Paul Mazursky, 1930—2014),美国编剧、导演、演员,曾执导《两对鸳鸯一张床》(*Bob & Carol & Ted & Alice*, 1969)、《不结婚的女人》(*An Unmarried Woman*, 1978)等片。——译者

《影与雾》中则让本我浮出水面。片中他继续采用带有存在主义特色的寓言故事来回馈观众。在探讨自愿奴役之后，接着便轮到迫害情绪登台献艺。在恍惚的黑白底色（始终要归功于卡洛·迪·帕尔玛）映衬下，影片布景带有表现主义印记。片中伍迪·艾伦讲述了一位无辜者的故事，他没有犯罪却遭人指控和迫害，民众由于被自己的信念（受流言蜚语与集体压力强化）所蒙蔽，不假思索便对他施以私刑。自《傻瓜入狱记》以来，伍迪·艾伦在影坛上推广了笨蛋形象。在这部卡夫卡式的闹剧中，这个形象具有了全部的意义：这是对犹太民族在历史上经历苦难的复写。这里，个人历史与宏大历史相互应答，二者的共鸣则在荒诞与昏暗中互相联系起来。

> "我感觉这是个很好的隐喻，一个人被半夜叫醒派到大街上，然后还要应对这些奇异的事件①。"

以滑稽这种形式来探讨生存的可怕，这正是艾伦早期作品（《傻瓜大闹科学城》和《爱与死》）所采取的手法，而《影与雾》也是如出一辙。影片背景既不属未来，也不是战场，而是 1920 年一个无名的村庄。这里街道线条分明，一名男子在黑夜的阴影中勒死女性。调查随即展开。克莱因曼（Kleinman）被临时招募的民兵叫醒，然后出门寻找报纸所谓的"勒人杀手"。由于过于招人耳目（明显因为他是犹太人），克莱因曼最终在被追捕前就遭人怀疑。村民们手持火把和木棍，意欲找回公道。这里，艾伦所要再现的正是反犹太主义及其对犹太人的迫害。这种情景的荒诞被过分夸大后，幽默便成为绝望最好的朋友，这个世界滥用了非理性

---

① Stig Björkman, Woody Allen, *Entretiens avec Stig Björkman*, op. cit., p. 226.

因素。在这个寓言式村庄里，反犹太主义并非这些石铺街道出没的唯一幽灵。显然，伍迪·艾伦还援用了其他亡灵：拍摄了《蓝色天使》的约瑟夫·冯·斯登堡①和拍摄过《凶手》的弗里兹·朗②。多么崇高的影响！对于片名，他以"影"映照罗伯特·维内③的《卡里加里博士》以凸显该片的表现主义美学，而用"雾"指涉阿兰·雷奈的《夜与雾》来凸显其叙事模式，且尤其关注人的错误与恐惧。

> "你不知道的东西会要你的命！你不知道的东西不是伤害你，它会要你的命！好比有人让你去淋浴，结果却不是淋浴。"
>
> 大卫·多贝尔（伍迪·艾伦饰）（出自影片《奇招尽出》）

由伍迪·艾伦饰演的克莱因曼是一个没有过去的人。在一天夜里，他与上帝和宗教之间的关系问题被三次提上日程，而回答将消失在街道幽深的空间里。这里，导演注重噩梦时间的统一性，让本片气氛更加紧张、情节更为突然。因为在深夜里，很多事情都在上演。克莱因曼就看到了这么一幕，他亲眼目睹明斯特（Minst）一家遭捕却束手无策。随后，他自己也被警方和教堂（作为同谋）列入黑名单。在被一个光头古鲁通过嗅气味指认后，好比惊动整个村庄的连环谋杀案凶手，克莱因曼为了躲避死亡，于

---

① 约瑟夫·冯·斯登堡（Josef von Sternberg，1894—1969），奥裔美国摄影师、导演。——译者
② 弗里兹·朗（Fritz Lang，1890—1976），奥裔德国导演、编剧。——译者
③ 罗伯特·维内（Robert Wiene，1873—1938），德国默片导演，代表作有《卡里加里博士》（*Dr. Caligari*，1920）和《拉斯柯尔尼科夫》（*Raskolnikow*，1923）。——译者

是被迫不断逃亡。在路途的尽头，他撞到一个巡演马戏团，并在其帐篷下找到了最佳避难所。正如《开罗紫玫瑰》中，还是魔术挽救了人物的绝望。

伍迪·艾伦并不满足于用言语描绘犹太人的怨恨。通过象征场景，他着力表现由这种仇恨导致的暴乱和愚昧。在二战期间，医学创造出很多现代新型迫害手段，而在《影与雾》中，医学便等同于人的野蛮行径。影片开头不久，克莱因曼前来询问一位外科大夫，在大夫的工作室木架上，陈列着许多浸泡在福尔马林溶液中的战利品。片中人物不仅观察了外科大夫使用的器械，而且也留意了上面躺着死尸的那些手术台。在用一杯酒来麻痹自己的视线之后，克莱因曼听着医生的话，感觉喉咙发紧："我对这些谋杀感兴趣完全是为了科学……我决定利用这个机会找出邪恶真正的本质。"一场纳粹医生在二战期间举行的讲座，剥离了人的伦理，偏执于"研究"与"进步"（德国九万医生中有三百五十名加入了纳粹党）。这个场景无疑让人不安，而人物语言的幽默很好地诠释了观众的这种不安情绪。看到尸体被如此剖解，他备感恶心并发誓以后再也不吃小牛胸腺。可谓是犹太式幽默！

从古代的犬儒主义中，伍迪·艾伦得出一个不太残忍的结论。这部电影以欢快的结局收尾，克莱因曼也成功逃脱围捕。流动商贩向他伸出了援助之手，并继续追随同伴赶路。正如以前犹太人那样，这是一种游牧生存方式。

快砍掉他的头！

红桃王后（出自影片《爱丽丝漫游奇境》）

随后，影片基调发生了根本性转变。米娅·法罗继在《影与雾》中扮演儿童救士（一名婴儿被遗弃在黑夜的利爪之下）后，又在《丈夫与妻子》中通过模仿戈达尔执导影片《精疲力尽》中珍·茜宝①那样的短发，再次找到了时尚的装束。这部影片也是艾伦-法罗夫妇最后一次在银幕上合作。那是 1992 年，表演到此也将彻底结束……其实，《丈夫与妻子》是一部有关分手的电影。杰克（西德尼·波拉克饰）和萨利（朱迪·戴维斯饰）告诉自己最好的朋友加布（伍迪·艾伦饰）和朱迪（米娅·法罗饰）两人准备离婚。在客厅宣布的这条消息犹如晴天霹雳，因为这对夫妇以前不仅立下海誓山盟，而且情感稳固。但在找回自由以后，杰克与萨利在被其他伴侣吸引的同时，也将加布与朱迪作为他们的选择对象。于是，这对夫妇的关系也将面临破裂，因为见异思迁的加布已被一名善于俘获情郎的年轻女生吸引。

> "有些私密的部分或私密的事情，因为与之伴随着耻辱、仇恨或内疚，所以人们连最亲密的人也不愿意吐露。当然，这始终都是个问题②。"

透过这种忏悔模式表达的不忠、激情、背叛、谎言与欲望成为了这部伯格曼式婚姻剧里面的核心词汇。伍迪·艾伦这里着力揭示的，正是作为社会构建的夫妻关系的虚伪本质，由此呈现出众多胆小自私的人物形象；在这部连续拍摄的影片中，他们要么自我克制，要么自我放纵。在取景框架移动后，反拍镜头也随之变化。影片通过声音、节奏、语调、情绪的变化，很好地诠释了

---

① 珍·茜宝（Jean Seberg, 1938—1979），活跃在法国影坛的美国女演员，因出演《圣女贞德》（*Saint Joan*, 1957）而一举成名。——译者
② Stig Björkman, Woody Allen, *Entretiens avec Stig Björkman*, op. cit., p. 244.

主人公那种紧张、冲动的状态。伍迪·艾伦拍摄《丈夫与妻子》的过程，好比在用隐形模块搭建迷宫。然而，比人物的生活更为私密的是他们的想法。于是，导演深入探究这些想法，并试图找到支配这种混乱局面的理由。艾伦描绘的这些丈夫和妻子，他们悲观、好斗、神经而受束，既有高尚之处，也有自己的缺点。对于这些缺点他们毫不悔改，也不管经过多少小时的精神分析最终才意识到这些缺点。因为每个人其实都不愿直面真相，不过艾伦却毫不留情地在影片中揭示了真相。

　　本片提出了如下疑问：是艺术模仿生活，还是生活模仿艺术？这个问题每天都困扰着片中人物加布·罗斯（Gabe Roth），身为作家这个名字让我们想到另一个作家的名字（菲利普·罗斯①），由此基本给出回答："生活模仿的不是艺术，而是糟糕的电视剧。"当我们将这部电影和那个时期伍迪·艾伦的生活（与 B 级劣质影片相去不远）加以回顾，就会发现这句至理名言可谓意义深厚。《丈夫与妻子》在美国的票房卖出一千多万。从导演的影片在欧洲的票房来看，这也可谓业绩平平。

　　　　"你们通过观众反应来进行判断？这是一群看着电视长大的观众，他们的标准这些年已经持续下降。这些人整天坐在电视机前面，伽马射线早把他们大脑的白细胞杀光了。"

　　　　　　艾萨克·戴维斯（伍迪·艾伦饰）（出自影片《曼哈顿》）

　　影片拍摄虽已结束，然而飘浮在片中人物头顶的乌云在现实中却似乎绕着导演难以散去。接着，绯闻四起。伍迪·艾伦的确

---

① 菲利普·罗斯（Philip Roth, 1933—2018），美国作家，著有《美国牧歌》（*American Pastoral*，1997）和《人性的污秽》（*The Human Stain*，2000）等。——译者

有个情人，还是个未成年人，此人正是米娅·法罗与安德烈·普列文的养女宋宜，也算是他自己的继女。《纽约邮报》最先刊登了伍迪·艾伦与这个年轻女孩在一起的照片。于是，重视道德的美国社会亲眼目睹了这场私人恩怨，公众对此也是热情高涨。显然，整个国家的谴责声与杰克和萨利屋里轰隆的雷鸣有些相似。早在司法裁决落实之前，导演就已经遭到大多数同胞的声讨。

"剧本《丈夫与妻子》的创作完全是想像的产物。我完成剧本的时间要远早于你从报纸上看到任何事情发生的时间①。"

正如弗洛伦斯写道："该丑闻对媒体的冲击力丝毫不亚于莱温斯基（Lewinsky）事件②，"而这在几年后也成了爆炸性丑闻。除米娅·法罗发现自己的伴侣不忠外，她还利用早前雇用的一位保姆散布谣言，对他在司法上提出恋童癖的指控。伍迪·艾伦或许侵犯过他的养女迪伦。1992年8月，米娅·法罗与女儿去一位儿科大夫的诊所看病，大夫随后通告权力机关这其中存在性侵犯的嫌疑。于是，康涅狄格州检察官还向耶鲁纽黑文医院儿童性侵诊所求助。1993年3月，在对小女孩进行身心评估之后，医院得出结论认为"迪伦没有遭到性侵犯"，正如《名利场》杂志的莫琳·奥思③所写。在这场纷争中，伍迪·艾伦将丧失自己的名誉（他试图通过哥伦比亚广播公司的节目《60分钟》加以挽救）、孩子（遭受这次丑闻创伤之后更改了姓氏）的监护权以及公众的爱戴。尽管司法机关还给了他清白，但恶果已经酿就。虽然，《丈夫

---

① Stig Björkman, Woody Allen, *Entretiens avec Stig Björkman*, op. cit. , p. 254.
② Florence Colombani, *Woody Allen*, op. cit. , p. 70.
③ 莫琳·奥思（Maureen Orth, 1943— ），美国记者、作家，是《名利场》杂志的特派记者。——译者

与妻子》在今天备受青睐，但公众当年对该片却极其厌烦，他们联合抵制导演的作品，原因是他的个人生活并不是他们期望的那样。简直糟糕透顶！

显然，也正是这部黑色喜剧《曼哈顿谋杀疑案》与此前塑造伍迪·艾伦职业轨迹的谋杀系列片彻底分道扬镳。在 1993 年的《时代》周刊上，导演解释说："一天，我从她的律师那里收到一张便条，里面规定我无权探视（自己的孩子）……我打电话给米娅，她当即挂断电话。接着，我的律师告诉我，她已经指控我性侵未成年人。"在他向米娅·法罗支付一百万美元的诉讼费后，对于这种荒唐事，伍迪也只能以荒唐手段回应，这种手段当然是一部电影。

"人类最终不都因为一项从未犯过的罪而被判死刑吗？"

鲍里斯·格鲁申科（伍迪·艾伦饰）（出自影片《爱与死》）

教学偷窥癖

"街道、公共场所与户外都可以作为再现犬儒主义的框架：表演根据即兴原则登台。情节出现突变，故事现场创作，表征从不重复，因为现实没有复本……"

"在这场前所未有的风暴中，伍迪·艾伦继续像过去三十年间那样操守着自己的职业①。"于是，他再次回归银幕，并向始终值得信赖的好友戴安·基顿求助。其实，《曼哈顿谋杀疑案》的构思

---

① Florence Colombani, *Woody Allen*, op. cit., p. 71.

与一集《神探夏洛克·福尔摩斯》(*Sherlock Holmes*)或《神探可伦坡》(*Columbo*)类似。影片描绘了一对饱受挫折的夫妇,无意发现同层楼道的邻居是杀人犯,后者的妻子早已心脏病突发身亡。卡罗尔(戴安·基顿饰)完全不信官方心脏病突发的说法,因为她发现这位鳏夫满心欢喜。于是,她劝说自己胆小怕事的丈夫拉里(Larry,伍迪·艾伦饰)继续追查,认为之前警方的结论则过于草率。故而,在艾伦和基顿这对组合在《傻瓜大闹科学城》中让人捧腹二十年后,这对搭档在该片之中又即兴扮起了侦探。

　　"这个角色我起初是写给米娅的,所以我尽力按照她喜欢的方式写台词。米娅喜欢搞笑,不过她演喜剧没有黛安那样宽泛。所以,是黛安将这个角色演的比我写的更为搞笑①。"

　　经过媒体大肆宣传之后,人们认为伍迪·艾伦意欲象征性地杀害以前的伴侣(而她也如此教唆媒体)。既然电影帮助伍迪·艾伦活了下去,他就会像电影中那样继续活下去。导演再次与马歇尔·布瑞克曼联手构思了这样一个故事,里面一位不忠的丈夫为了得到人身保险并与情人共度美好时光,于是谋杀了自己的妻子。在卡罗尔与拉里卷入之前,这个阴险狡诈的计划就已经开始酝酿。由此,这对夫妇成为了一架恐怖机器的囚犯,而这架机器将在玻璃碎片中结束——镜子碎片中杀人凶手的映像破碎瓦解,这个场景不禁让人想起奥逊·威尔斯的《上海小姐》 (*La Dame de Shanghai*)。在这场冒险中,也正是与死神擦肩而过之后,拉里与卡罗尔这对夫妻才更加相爱。这种游戏最终成功地挽救了这对夫妇的情感衰退,而对此精神分析(《安妮·霍尔》《曼哈顿》与

---

① Stig Björkman, Woody Allen, *Entretiens avec Stig Björkman*, op. cit., p. 249.

《丈夫与妻子》）之前也以失败告终。

《曼哈顿谋杀疑案》是一部魅力十足的喜剧片，不仅采用小说大师、黑色电影、恐怖荒唐场景中的名句，还戏谑性地自我引用（《安妮·霍尔》《傻瓜大闹科学城》《曼哈顿》《罪与错》等）。影片调和了导演与美国公众的关系，并通过讽刺幽默和阿加莎·克里斯蒂[①]的推理模式吸引了诸多观众。这里，伍迪·艾伦以最美妙的方式回答了那场撼动自己人生的灾难：笑看人生。不过，戴安·基顿的微笑尤其难以模仿。"这就好比给自己一点奖励，稍微享受一下。我一直想拍这样一部神秘谋杀片。在拍过二十三四部电影后，我想用半年左右时间拍点搞笑的东西。这好比一份甜点，而非一顿正餐。我很高兴自己做了这件事，因为这部电影的拍摄过程非常愉快[②]。"

> "在现实中，我们会理性解释，也会加以否定，否则我们根本没法继续生活下去。"
>
> 朱达（马丁·兰道饰）（出自影片《罪与错》）

承受最少的痛苦，这正是伍迪·艾伦所希望的，尤其在经历了搅乱个人生活的那些事件之后。对此，他向斯蒂格·布约克曼解释说："在媒体对这件事竞相报道的这段时间内，我的确非常高产。我拍了几部电影，为外百老汇剧院写了一部独幕剧，还执导了一部电视剧，而且我还每周一晚与自己的爵士乐队一道演出[③]。"显然，艺术家的任何生活习惯都没有被打乱。他也不再执着于个

---

① 阿加莎·克里斯蒂（Agatha Christie, 1890—1976），英国侦探小说家，代表作有《东方快车谋杀案》（1934）、《尼罗河上的惨案》（1937）等。——译者
② Stig Björkman, Woody Allen, *Entretiens avec Stig Björkman*, op. cit., p. 246.
③ Ibid., p. 261.

人愿望的实现，而且它们也没有产生什么影响。正如米歇尔·翁弗雷写道："正如其他所有哲学流派，犬儒哲学追求的终极目的和结果是幸福①。"而且，《曼哈顿谋杀疑案》也正以美好的结局收场，于是这对夫妇这次没有分手。在取乐到忌惮的地步并将自我置于危险境地后，他又重新找回了幸福。

自出道以来，伍迪·艾伦试图寻求"手段与结果的混合，以便创造一种全新的风格②"。自二十世纪九十年代起，伍迪·艾伦已无需证明自己的才华，他的影视风格自《安妮·霍尔》以后便不断凸显，在适应各种电影类型（浪漫、侦探、正剧、悲剧及古装）的同时，也在适应不同时代的准则。艾伦在构思电影的同时，更注重将它付诸实践。他不仅工作毫不懈怠，而且拍摄中也会采纳合作者缜密的建议。尽管 1993 年那段时间尤其难熬，但他有一个值得信赖的团队可以依靠，其中包括剪辑师苏珊·莫尔斯（Susan E. Morse）、首席摄影师卡洛·迪·帕尔玛及其首席布景师尚托·罗奎斯托（Santo Loquasto），正是这帮人联合起来促成了《曼哈顿谋杀疑案》的成功，同时也映射了电影艺术的魄力与伍迪·艾伦的喜剧天分。

迷恋游戏，热衷冒险

为了尽可能地在银幕上再现纽约的风貌，伍迪·艾伦在《曼哈顿谋杀疑案》中将镜头拉长到皇后区的公共汽车站终点，也正是该片之后他开始追求瞬间的美丽。难道是热衷徘徊？由于缺乏满足感，他最终又找回了这种兴致。在《子弹横飞百老汇》中，

---

① Michel Onfray, *Cynismes. Portrait du philosophe en chien*, op. cit., p. 54.
② Ibid., p. 56.

艾伦沿用了前部影片的搞笑线路，并将我们带至二十世纪二十年代纽约的中心街区，那是艺术家与剧院云集的地方。在该片中，他塑造了由约翰·丘萨克①（姿态很像巴顿·芬克②）完美诠释的人物大卫·谢恩（David Shayne），这是一名年轻的剧作家，为把个人首部作品搬上百老汇而四处寻求资金支持。在极度绝望之下，他决定招用黑帮的资金。于是，他与黑帮老大达成交易，后者立即要求从中得到好处，提出让自己的情人出演该剧，但她的演技显然糟糕透顶。

此处，伍迪·艾伦援用了百老汇喜剧的神力，"这是一条从乔治·考夫曼③经加森·卡宁④到艾伦本人的皇家大道⑤，"正如克里斯蒂安·维维亚尼如此写道。透过这位剧作家追求个人梦想的故事，伍迪·艾伦也谈论了艺术家工作的压力。片中人物大卫饱受各种苛刻要求的困扰，不仅被男女演员们催逼得心力交瘁，而且也被各种突发情况和祸害搞得无力招架，且更不用说让他疲于应付的经济问题，但他尤其注重艺术的美感与娱乐的高雅。维维亚尼在电影杂志《正片》上发表文章评述道："演艺产业中的美国电影可谓是个隐喻，它凸显了个性与无名的辩证关系：那些无名的人

---

① 约翰·丘萨克（John Cusack，1966—　），美国演员、编剧、制片，因出演《高材生》（*Class*，1983）而步入演艺界。——译者
② 巴顿·芬克（Barton Fink），由科恩兄弟执导的同名影片中的男主角，于 1991 年上映。
③ 乔治·考夫曼（George S. Kaufman，1889—1961），美国剧作家，与他人合写的《为君而歌》（*Of Thee I sing*，1932）和《浮生若梦》（*You Can't Take It with You*，1937）曾两度获得普利策奖。——译者
④ 加森·卡宁（Garson Kanin，1912—1999），美国戏剧作家与影视导演，与妻子合作的《双面人生》（*A Double Life*，1947）与《亚当之肋》（*Adam's Rib*，1949）堪称个人代表作。——译者
⑤ Christian Viviani, *Coups de feu sur Broadway. Crimes, délits et compromis*，见于 1995 年 2 月第 408 期《正片》。

物竭力走出阴影（明星复活的神话），而那些耀眼的人物也只有融入集体才能找回自己的人性（自以为是的明星也只有将自我奉献到集体作品的祭台上才具有了人性）①。"

若说片中主人公大卫是位颇具天分的剧作家，在排练时他也意识到了自己文本有其局限。剧中的演员抱怨自己的角色与情节的繁琐，甚至动手改写台词或布景设置，不知所措的大卫于是从剧中明星海伦·辛克莱（Helen Sinclair）和保镖奇契（Cheech）那里聊以安慰。每次出现问题，奇契都能找到解决办法，为剧作家在写作上提供帮助，并一次又一次地向大卫提供奇思妙想。如果说起初作家对智商不高的保镖能为他出谋划策持否定姿态，这名天才最终却对奇契的才华和想像力给予充分的肯定。常言道："僧袍不能使人变和尚。"显然，正是与知识产权、艺术追求、短期抱负相关的问题会自行发酵并制造混乱，不过这种混乱也终究会被扫除。

与剧本和演员表演同样精彩的是该片的台词。尖刻、不恭、辛辣，剧中台词具有很强的娱乐效果。反驳直击要害，韵体形式尤其动听。在玩味台词时，这些演员互相推诿。大家嘲笑黑帮老大的情人奥利芙（Olive），因为她在台上既对语言没有悟性，也没有其他搭档那样的修为，比如她甚至不知道"masochist"如何发音，而且也不知道珍珠还有不同的颜色。人们笑听世界比作阴道的隐喻，也笑看剧中保镖奇契的诚恳，因为他敢大声说出人们头脑中的想法。此外，观众对剧中有关卡尔·马克思的玩笑也会拍案叫绝。但如果剥去表象来看，影片始终在探讨同样的问题：艺术与生活之间的关系或者人造物质的真实性。无疑，这都是对创造、美丽、情感、欢乐以及艺术家使命等主题深入展开的那种尼采式反思。

---

① Christian Viviani，*Coups de feu sur Broadway. Crimes，délitset compromis*，见于1995 年 2 月第 408 期《正片》。

在他刚拍完这部讴歌娱乐产业的黑色喜剧后，伍迪·艾伦在1994 年还拍摄了一部电视电影《别喝生水》。他不仅是这部剧的作者，而且该剧在二十世纪六十年代还在百老汇连续上演过很长时间。其实，艾伦从未彻底离开戏剧世界，因为荒诞的命运邀他加入这个行业。常言道："人越多越热闹。"对于这个谚语，导演谨记在心，他将那些被认为是从疯人院出来的人物都召集到大使馆。这里，伍迪·艾伦讲述了一个美国家庭在莫斯科的度假经历如何变为噩梦的故事，这家人由于没通过"出发"关口而抽到了"监狱"卡片。在被莫斯科警方怀疑犯有间谍罪而拘留后，沃尔特（Walter）、玛丽昂（Marion）以及这对夫妇的女儿苏珊（Susan）在宣告无辜但无济于事后，被迫向美国大使馆申请政治庇护。在冷战时期，美苏两国之间几近断交……这种音调立即让人想到影片的讽刺意味，再次吐槽了美国政府及其民主。

　　"我们是美国人，看看我们的着装！"

　　沃尔特·霍兰德（伍迪·艾伦饰）（出自影片《别喝生水》）

剧组人员除伍迪·艾伦以外，还有曾出演《俄狄浦斯的烦恼》的茱莉·卡夫纳①以及在《回到未来》中饰演马蒂·麦克弗莱（Marty McFly）的迈克尔·福克斯②，而后者则是二十世纪八十年代那些热爱滑板的青少年的偶像。导演在极度兴奋下邀这些演员加入剧组，给他们营造欢乐的气氛。人们可以说，伍迪·艾伦获

① 茱莉·卡夫纳（Julie Kavner, 1950—　），美国女演员，以出演系列剧《辛普森一家》（The Simpsons）而出名。——译者
② 迈克尔·福克斯（Michael J. Fox,），加拿大演员、作家、制作人，代表作有《回到未来》（Back to the Future）三部曲、《别喝生水》（Don't drink the water）等。——译者

得了成功，因为他让我们笑得死去活来。影片反驳尖刻、情节曲折、言语含讽、误会频发，的确让人有点喘不过气。此处，伍迪·艾伦充分利用幽默艺术，"驳斥"了个人早期喜剧（《香蕉》及《傻瓜大闹科学城》）中那种不堪忍受的节奏。他饰演的沃尔特这个角色大放异彩，将个人古怪性格与之合二为一。正如《子弹横飞百老汇》中二十世纪二十年代纽约犯罪率高居不下，这部喜剧中也可谓弹火四溅。此外，这部影片也涉及犯罪的问题，沃尔特试图谋杀大使馆（他被拘留的监狱）厨师，并列出促使自己采取这种行动的理由：蜗牛、肠肚、肉冻、脑髓、马肉、乌贼……这个菜单足够让他暴跳如雷。因为即便在极端情况下，美味都是个体的基本需求。观众肯定记得艾维·辛格（《安妮·霍尔》）躺在宾馆房间床上，在身心焦虑之下为恢复体力而啃咬烧鸡的场景。

"我不吃生蚝。我只吃死的东西。不吃得病的或受伤的，只吃死的。"

艾维·辛格（伍迪·艾伦饰）（出自影片《安妮·霍尔》）

自二十世纪九十年代早期以后，伍迪·艾伦不仅谈论失望的婚姻、抑郁的艺术家、害怕消失的男女（不论从喻意还是本意上），而且也讨论家庭单位、谋杀、英雄主义以及（噩）梦的解析。若说影片的基调自《曼哈顿谋杀疑案》后变得更为轻浮（部分归因于马歇尔·布瑞克曼重新参与剧本共创），但片中主要人物的焦虑却清晰地浮现在胶片（始终为三十五毫米）之上。

"阿喀琉斯只有脚踵一处弱点，而我全身都是阿喀琉斯的弱点。"

莱尼（伍迪·艾伦饰）（出自影片《无敌爱美神》）

歌队有道理

"在人所有的弱点中，偏执最危险。"

希腊歌队（出自影片《无敌爱美神》）

在所谓的"伍迪门"事件三年之后，伍迪·艾伦始终和宋宜生活在一起。两人的爱情故事依然继续（这与他以前有所不同），而且似乎将继续下去。这时的影人很少袒露自己的生活，我们对此倒可以理解，因为他比任何时候都更为保护个人隐私。此后至今，他拍摄过二十五部长片，且在 1995—1996 年指导了两部佳作：《无敌爱美神》和《人人都说我爱你》，这两部援用歌队的喜剧深深触动了观众的内心。

"我看到了灾祸，我看到了灾难。更糟糕的是，我还看到了律师。"

卡桑德拉（丹妮尔·费兰饰）（出自影片《无敌爱美神》）

《无敌爱美神》以古希腊剧场的舞台开场，古代歌队和神话中的几位主角在一片废墟前汇集。歌队讲述了纽约体育记者莱尼·温特瑞博（伍迪·艾伦饰）的故事。他的妻子说服他收养一名男婴，洗礼后起名为麦克斯（Max）。若说孩子的教育看似强化了夫妻之间的纽带，那么这个纽带却在六年之后分崩离析。因为莱尼在内心始终偏执于一点，为了消磨时间他于是开始寻找养子的生母；在此期间，经营画廊的妻子却被一名艺术爱好者勾引。正如艾伦不断的追寻，莱尼的寻找最终让他认识了琳达（Linda），一名业余拍摄黄片的应召女郎。这是一名相貌绝佳且讨人喜欢的女人，尽管头脑稍微有点傻气。于是，莱尼决定救她于风尘。"人能得救，大部分时间都是因为运气①。"

> "我感觉这里面存在类似古希腊戏剧的反讽。于是我想，'这部电影可以拍成一则希腊寓言'。因此，我理清思路后雇来了舞台指导，是她替我编排了合唱的部分②。"

通过援引希腊神话、尼采的轶事以及皮格马利翁的传说，《无敌爱美神》在上映之后，评论界与观众对影片的接受趋于温和。不过，在影片飘逸的魅力下，诸如弃婴等沉重的主题却以艺术家的狂妄或命运的多变来加以探讨。正如《子弹横飞百老汇》，影片涉及的也正是伍迪·艾伦所说的艺术家的境遇以及个人嫡出或私生关系的问题。正如弗雷德里克·博诺（Fédéric Bonnaud）在《摇滚》杂志中写道："《无敌爱美神》继续了艺术家对于私生问题的反思，此后这将成为艾伦作品的核心。也正是在两次分析之间，他将自己视为骗子，认为自己不配拥有成功、女人与敬仰。他在让影迷欢欣的同时，也再次为诋毁者贪婪地嘲笑自己送去了理由③。"由米拉·索维诺④饰演的天真漂亮的女主角（由芭铎⑤在莫

---

① Stig Björkman, Woody Allen, *Entretiens avec Stig Björkman*, op. cit., p. 290.
② Ibid., p. 282.
③ 1995 年 9 月 30 日《摇滚时代》。
④ 米拉·索维诺（Mira Sorvino, 1967— ），意裔美国演员，曾出演《朋友之间》（*Between Friends*, 1983）、《双面梦露》（*Norma Jean & Marilyn*, 1996）等片。——译者
⑤ 碧姬·芭铎（Brigitte Bardot, 1934— ），法国演员、歌手、模特，曾出演《穿比基尼的姑娘》（*Manina, la fille sans voile*, 1952）、《上帝创造女人》（*Et Dieu ... créa la femme*, 1956）等片。——译者

里纳罗①或梦露在怀尔德的片中完美演绎）映射了影片所有的矛盾。正如《子弹横飞百老汇》中的奇契，她突破外表的假象，个性也终将昭显于世。下身穿迷你短裙，上身穿露胸乳罩，琳达最终走出莱尼照顾的阴影，并让自己性格的其他方面大放异彩。为了给这部看似轻浮的喜剧（这种影片风格始终笼罩该片）增加票房，伍迪·艾伦借助歌队提出众多绝佳的问题，以便观众能彻底抛开人物的刻板形象并从故事叙述中感受影片的净化效果。

　　　　"作为一部讽刺先天与后天的寓言，《无敌爱美神》反映了作者的忧虑。在将自己置于前台的同时，伍迪对个人作为全知造物主的能力极限进行了反思。不论是被击倒的拳击手，还是傻气的漂亮姑娘，艾伦既不能同化也不能改变对方。作为人物的囚犯，他也只能向自己中意的女子提议去追求平庸而合乎规范的梦想②。"

　　此外，在《无敌爱美神》中，观众也会注意到艾伦对家庭的再现，其中生活的各个方面都围绕长沙发展开，一家人在晚上快乐地阅读故事。尽管片中儿童在大部分时间都处于次要地位，伍迪·艾伦却将麦克斯置于中心，似乎是让那些指责他总以自我为中心的毒舌闭嘴。影评人弗兰克·加尔巴兹如此写道："伍迪·艾伦最近的名作中，儿童的出现具有独特的意义。这种安排具有核心的戏剧功能，因为它不仅是莱尼追寻的起点，而且让儿童演绎一个人物也说明导演突破了个人的封闭主义，并与世界重新关联

----

① 埃德沃德·莫里纳罗（Édouard Molinaro, 1928—2013），法国导演、编剧，代表作有《夏日女孩》（*Une fille pour l'été*, 1960）、《傻鸟一笼》（*La Cage aux Folles*, 1978）等。——译者
② 1995 年 9 月 30 日《摇滚时代》。

起来……由此揭示出一种更为温柔、更为宽容的自我看法①。"尽管乐观情绪在这部电影中弥漫开来，古希腊歌队也总对戏剧突变加以评价，并请求宙斯的意愿，然而天神忙得根本无暇回应。

　　从伍迪·艾伦留意亚里士多德及其诗学后，他又对另一种形式的歌队发生了兴趣。在《人人都说我爱你》中，他尝试了自己以前从来没有接触过的盎格鲁-撒克逊影视类型：音乐剧。剧组阵容名角云集，仅数得上名头的就有爱德华·诺顿②、朱莉娅·罗伯茨③、德鲁·巴里摩尔④、娜塔丽·波特曼⑤以及蒂姆·罗斯⑥。对于这一大群演员，导演在签订合同之前对将邀谁献唱始终守口如瓶。欺骗到底！《人人都说我爱你》在巴黎、威尼斯与纽约拍摄，该剧可谓是世人内心发出的呼喊。在这部音乐剧中，浪漫主义理想与大量标准美国爵士及其变调相互糅合，其中的名曲有《我的宝贝只在乎我》（*My Baby Just Cares for Me*）、《我的爱已结束》（*I'm Thru with Love*）、《望着你》（*Looking at You*）、《如果我拥有你》（*If I Had You*）等。这些情歌映照出剧中主人公的心态，他们的心态变化也极其丰富。在这部剧中，伍迪·艾伦汇聚了世界

---

① Franck Garbarz, *Maudite Aphrodite. La paternité usurpée*，文载于 1996 年 3 月第 421 期《正片》。

② 爱德华·诺顿（Edward Norton, 1969—　），美国男演员，曾出演《一级恐惧》（*Primal Fear*，1996）、《搏击俱乐部》（*Fight Club*，1999）等片。——译者

③ 朱莉娅·罗伯茨（Julia Roberts, 1967—　），美国女演员，曾出演《永不妥协》（*Erin Brockovich*，2000）、《蒙娜丽莎的微笑》（*Mona Lisa Smile*，2003）等片。——译者

④ 德鲁·巴里摩尔（Drew Barrymore, 1975—　），美国女演员、导演，曾出演《霹雳娇娃》（*Charlie's Angels*，2000）、《初恋五十次》（50 *First Dates*，2004）等片。——译者

⑤ 娜塔丽·波特曼（Nathalie Portman, 1981—　），美国女演员，曾出演《这个杀手不太冷》（*Léon*，1994）、《星球大战》（*Star Wars*，1999）等片。——译者

⑥ 蒂姆·罗斯（Tim Roth, 1961—　），英国演员、导演，曾出演《海上钢琴师》（*The Legend of 1900*，1990），并执导《战争地带》（*The War Zone*，1999）。——译者

的缩影：正义的申张、贵族、艺术爱好者、丈夫、妻子、孩子、离异者以及情人，这些都是合唱队中积极参与的成员。

> "我很清楚自己对此作何感想，但我始终也无从言表。或许等我喝醉的话，就能说出口。"

> 丑角（出自影片《影与雾》）

在这部剧中，伍迪·艾伦将爱情的互相交错搬上银幕，冲破时间与地点的统一性，人物所处的洲际时差也发挥了重要的作用。这是借助音乐与击脚跳对各种（原始）状态下爱情的赞歌。对此，伍迪·艾伦邀请格拉谢拉·达尼埃莱[1]执导编舞，此人之前曾编排过《子弹横飞百老汇》中的音乐片段和《无敌爱美神》中的歌队。然而，如果说在《人人都说我爱你》中，导演打出"我很好，你不用担心"的标语，那么在他家中，狂欢、香槟、弗雷德·阿斯泰尔以及吉恩·凯利[2]都可谓是宿醉之前的标配。

> "我从不跳舞。我感觉自己很笨拙。但我是个演员，这是角色要求[3]。"

次年，这些心愿发生了改变，也不论是好是坏，艾伦娶了宋宜。由此，影片名中的"我爱你"具有了更加浪漫的意义。2015

---

[1] 格拉谢拉·达尼埃莱（Graciela Daniele，1939—　），阿根廷裔美国舞蹈家、剧场导演，于 2005 年进入美国戏剧名人榜。——译者
[2] 吉恩·凯利（Gene Kelly，1912—1996），美国演员、舞者，曾与弗雷德·阿斯泰尔齐名好莱坞，他出演的《雨中曲》（*Singin' in the Rain*，1951）已成为世界经典。——译者
[3] Stig Björkman, Woody Allen, *Entretiens avec Stig Björkman*, op. cit., p. 307.

年秋，他在美国国家公共电台（NPR）上宣称，"我碰上了好运……我比她年长三十五岁，不过很合得来。"这是一场慎重的世俗婚姻，正如《怎样都行》中的鲍里斯与梅洛迪（两人相差四十多岁），这也是一场理性的婚姻，它导致艾伦从来不愿迎娶的米娅·法罗变得歇斯底里，而如今她的养女宋宜则成了她最大的敌人。

包法利主义、同类相食与自慰

"你没有价值观。你的一生只有虚无主义、犬儒主义、冷嘲热讽和高潮快感。""要知道，在法国我可以用这个口号在竞选中获胜。"

多丽丝（卡罗琳·亚伦饰）与哈利（伍迪·艾伦饰）对话（出自影片《解构哈利》）

在暂停自己的爵士乐队、巡游欧洲（"宋宜喜欢旅游，我想让她幸福①"）并作为制片人拍了纪录片《狂人蓝调》后，伍迪·艾伦终于可以腾出时间，来撰写自己的最后一部自传剧。1997年推出的《解构哈利》，摆脱了导演（以及犬儒）钟爱的所有主题：上帝、死亡、政治、手淫快感、乱伦、艺术、宗教、食欲与无名。于是，伍迪·艾伦影片中的乐观主义场景受到减缩，并在《解构哈利》中表现为经验主义与理性主义、欲望与浑沌之间场面宏大的战争，艾伦由此将我们肆无忌惮地卷入其中。与《人人都说我爱你》折射的那种尊敬不同，《解构哈利》完全偏爱辱没，片中充满了对偶像、机构、传统以及轮班、大麻、嫖娼等"社会话题"的

---

① Stig Björkman, Woody Allen, *Entretiens avec Stig Björkman*, op. cit., p. 314.

抨击。任何东西都难逃哈利（Harry）的嘲讽，"社会所有的上层
建筑都遭到批判、瓦解与摧毁①"，而家庭、婚姻、演艺圈、学校
和《圣经》无一不成为了他的攻击目标。

影片从开场起，基调就已确定：一位女性从出租车下来，朝一
栋大楼走去。这样同一个镜头将连续重播好几次，一下子就表明
本片所要采用的解构主义手法。《解构哈利》讲述了一位成名作家
的故事，此人对性爱和酒精尤为执迷，他必须直面人生的灰暗阶
段。灵感和机会似乎都弃他而去，因为他生活中的所有女性都来
向他索要自尊，而他却将个人的私密时刻写入畅销小说段落之中。
吕米埃（Lumière）兄弟说的没错，浇花人最终会被水浇湿。于是，
主人公哈利也将有意无意地经历他让人蒙受的不幸，迷失在浓雾
之中，去面对个人想像力枯竭的考验。

> "你只顾自己，完全不管毁掉的人是谁。你把我们的事全
> 抖了出来，包括所有的细节！"
>
> 露西（朱迪·戴维斯饰）（出自影片《解构哈利》）

对写作障碍的焦虑最终让哈利得以反思自己灵感的来源，它
缘何昔日犹如泉涌，而现今却几近枯竭。"灵感在艺术创作中发挥
着显著作用，它是犬儒主义伦理的主要构成元素②。"其中的境况
简单明了：如果哈利不再有灵感，他就不再是犬儒；如果他不再是
犬儒，慢性抑郁症就会更快地侵袭他。该片也正基于类似的体系，
一切都取决于其中的平衡。由此，哈利的创作障碍让他对自己产
生疑惑。他最终能继续写作吗？他写作障碍的原因何在？他果真

---

① Michel Onfray, Cynismes. *Portrait du philosophe en chien*, op. cit., p. 55.
② Ibid., p. 69.

是人们谴责的那类（恶魔）天才吗？是他的犹太母亲在背后作祟吗？还是他的前几任妻子？除他之外，一切都有罪。

在绝望侵袭之下（难以继续成为一名积极的犬儒作家），哈利已无法区分现实与虚幻、白天与黑夜。正如查尔斯·狄更斯的《圣诞故事集》讲述的那样，他将接受鬼魅与精灵（小说人物出现在现实之中）的拜访，并与他们穿梭于过去与现在，寻觅那些可以让他重新粘贴自我碎片的元素。正如标题宣告的那样，电影采取了解构主义形式。诚然，伍迪·艾伦已经与传统电影分道扬镳，而更偏爱正反打镜头、角度变换、叠化剪辑、重复、非对称、聚焦手法。由此，导演将哈利内心的焦躁通过电影表现出来，并向观众传达出摧毁他心理的元凶。此外，片中的性爱场面颇为刺眼，其中的诗意全无，取而代之是厨房口交与灰暗宾馆客房的速战速决。沃尔特·霍兰德（Walter Hollander）只吃熟食，而艾伦则培养了吃生的品味。

其实，《解构哈利》中的几个短剧是主人公创作的短篇故事演变为视频的产物，本片再现了一个失德男人受控于道德社会的历程：他的姐姐多丽丝、妻妹兼情人露西以及从他的作品中走出的那些人物，无一不提醒他应该迈上通向美德的大道。不过，这里美德完全没有占据上风，而哈利也没能摆脱偏执神经症和妄想症，而折磨他的正是包法利主义，不过犬儒主义者在原则上理应知道如何抵抗这种诱惑。"包法利主义好比现实中人们普遍接受的法则：它会让第欧根尼变得乖戾和残暴，即他对真相的坚守，也不论这多么令人痛苦不堪，因为'对没有思想的人而言，真相会令人痛苦不堪，而虚假则让人温馨愉快①'"。

---

① Michel Onfray, Cynismes. *Portrait du philosophe en chien*, op. cit. p. 55.

"我不仅知道我们失去了六百万同胞，而且可怕的是这个
纪录最终也会被打破。"

哈利（伍迪·艾伦饰）（出自影片《解构哈利》）

这是一个男人迷失在个人想象世界并丧失现实感官能力（以
致他在没有监护权的前提下，会绑架自己的儿子）的故事。还有
什么更让人心烦意乱吗？《解构哈利》是一部残忍的影片，同时也
是一部黑色电影（以左轮手枪开场），伍迪·艾伦在其中对自我进
行了总结（正如《另一个女人》中玛丽昂那样）：他的人生、个人
作品、自传成分、通过虚构作品释放的幻想、为不偏执于死亡而
抱着幻想生活的需要。一个聚焦让人想到另一个聚焦：它投射在罗
宾·威廉姆斯（Robin Williams）身上，将个人特征引介到一位模
糊不清的演员身上，其他人只能通过戴上校正眼镜才能看清晰。

在继续谈论二十世纪九十年代艾伦拍摄的最后两部影片（《名
人百态》与《甜美与卑微》）之前，《解构哈利》中尚有两点值得
讨论。犬儒主义者针对以下两个主题的观点极为精辟：其一，同类
相食，这对他们而言并非是个道德问题；其二，自慰，第欧根尼
尤其善于此道。这里，首先讨论自慰。在自慰的实践上，艾伦式
异性恋人物对此始终顶礼膜拜，这种实践让他们在性爱中不光只
专注繁殖或交媾："只有两件事，你可以控制——艺术与自慰"或
"我之所以是个出色的情人，是因为我自慰次数很多"。和桑迪、
艾维及艾萨克一样，哈利也对自慰和口交推崇备至，并在这些前
戏中体会到了快感的满足：再现个人过往生活的镜头表明，他不会
抵挡射精的需求，即便与丈母娘的母亲（失明但未失聪）共处一
室依然如此。不会的，他从来不会让性被社会压抑。

最后，我们来谈同类相食。观众肯定记得艾维·辛格曾反驳
说，他只吃熟的死亡动物。这句反驳表明在人类与被食的动物之

间，一切只是个亲缘关系远近的问题。如果我们听从犬儒主义者的教学，生吃其实是一种吸纳同类的方式，而哲学家也并非物质教化或营养玄学的同党。"第欧根尼建议吃人肉，然而这从希腊文明以来就已成为禁忌①。"昂弗翁在对他进行评述时，解释说第欧根尼通过物质的去神圣化并将它视为毫无价值的东西来为同类相食辩护（除消除肠胃发出咕噜声的价值以外）。在《解构哈利》另一个短剧中，伍迪·艾伦讲述了一对古稀之年夫妇的故事，两人之间相互毫无秘密。任何秘密？一个除外。因为妻子从闲言碎语中得知，丈夫曾向她隐瞒过去已婚的秘密，他甚至以前还有个家庭，只不过被他残暴地灭门而已。这个发现让她心烦意乱，于是她在饭桌上向丈夫讨要公道。他告诉了她真相：他不仅杀了前妻及其子女，而且还有前妻的情人和房东。为了处理尸体不留痕迹，他于是将死尸吃掉："有的人放火，有的人土埋，我生吃而已，"他用个人逻辑向妻子说。正如第欧根尼所见，一切在伍迪·艾伦看来都是同一物质主题的变化与发展。带血的、半生的、还是刚好？所有口味都是本性使然，而在《好莱坞结局》中的瓦尔·韦克斯曼看来，甚至就连驯鹿也能变成食肉动物。

> "从执迷于政治、商业、战争、农业、为父、婚姻等琐事的虚幻世界脱离之后，犬儒主义者针对世界创立了一种美学态度②。"

* * *

"对趋炎附势文化的嘲讽转向了闹剧的形式，不过这种闹剧甚

① Michel Onfray, Cynismes. *Portrait du philosophe en chien*, op. cit. p. 96.
② Ibid. , p. 58.

是残忍①。"在从业近三十年后，伍迪·艾伦第一次碰到预算受限的问题。毫无疑问，二十世纪九十年代他的日子甚是艰难。与他合作的制片人让·杜马尼安（Jean Doumanian）收紧了银根。许多合作人尽管在"法罗-宋宜事件"之后与他保持了良好的关系，但在 1994—2000 年期间纷纷向导演告别并离他而去，其中有从 1977 年起就在伍迪·艾伦电影中担任制片人的罗伯特·格林哈特（Robert Greenhut）、服装设计杰弗里·科兰德（Jeffrey Kurland）、剪辑师苏珊·莫尔斯（Susan E. Morse）以及第一助理托马斯·赖利（Thomas Reilly）。他们离开这艘大船，让船长独自一人去应付这场暴风雨。时代在变化，2000 年以后可以明显看出这种变化。"我真心爱你们所有人。你们带给了我人生中最快乐的时光，"哈利在《解构哈利》中如此说道。这些话听上去更像是诀别。

此后，伍迪·艾伦继续反思自恋及其破坏力，并先后推出两部电影，在探讨艺术家与名气之间关系的同时，也透析了骗子借媒体夺人耳目的现状。至二十世纪九十年代末，这种反思离它转变为商业财富已相去不远。《名人百态》与《甜美与卑微》可谓是同个主题的不同变奏，两部影片分别讲述了一名作家与一名音乐家不惜一切代价，追求光环与名望的故事。然而，他们却终生都生活在别人的阴影之下：对李（肯尼斯·布莱纳②饰）而言是一名女性，对埃米特（Emmet，西恩·潘③饰）而言是一名男性。这两位千年老二渴望站在颁奖台的最前列。于是，继包法利主义之后，

---

① Laurent Dandrieu, *Woody Allen. Portrait d'un antimoderne*, CNRS Éditions, 2010, p. 102.

② 肯尼斯·布莱纳（Kenneth Branagh, 1960—　），爱尔兰男演员，出演过多部莎剧电影，最近还出演迪士尼影片《灰姑娘》（*Cinderella*, 2015）。——译者

③ 西恩·潘（Sean Penn, 1960—　），美国男演员，曾出演《死囚漫步》（*Dead Man Walking*, 1995）、《神秘之河》（*Mystic River*, 2003）、《米尔克》（*Milk*, 2008）等片。——译者

伍迪·艾伦又着力塑造了两个以自我为中心的人物,他们自以为具有天神的力量但却频频受挫。除碰触一名模特的项颈给他带来性高潮之外,李(Lee)可谓一无是处,不过这已足够让他倍感幸福。"一天清晨,我醒来之后发现自己名满天下"(拜伦)。

此外,《名人百态》与《甜美与卑微》也都探讨名气、荣耀、竞争与嫉妒。总之,这是带着大写字母"O"的傲慢(如弗洛伊德分析案例的安娜·O)。无疑,这是七宗罪中伍迪·艾伦最乐于探讨的一种。为了出名我们的底线可以推至何处?其他人又可以行到哪里?这些正是1998年与1999年推出的这两部影片所要反思的问题。人们从中可以发现里面包含的神经质宝藏:对失败、抛弃、无名、孤独的恐惧以及自恋与其祸害。此外,在《名人百态》中,一架飞机在天空还划出字母形成"HELP"这个词语。

这部影片开头采用了黑白两色(由斯文·尼夫基斯特负责摄像),这与《曼哈顿》有点相似。不过,某些东西变得有些暗淡,笑声不再那么神经质,而是有些刺耳。这里,伍迪·艾伦极尽夸张嘲讽之能事,因为虽然有二十年之隔,李却与艾萨克·戴维斯穿着一模一样,似乎艾伦式男主角纯粹只是一件衣服而已,他俨然成为时间的囚徒。不过,这是除《曼哈顿》之外,伍迪·艾伦再次向费里尼致敬的影片。在继《八部半》(《星尘往事》)和《阿玛柯德》(《无线电时代》)之后,这次启发他的影片是《甜蜜的生活》。在城市中漫游(不论是徒步还是驾驶豪车),哗哗的闪光灯、狗仔队、明星与香槟。《名人百态》深入那些肤浅、空洞而自负的人群之中。在内心深处,这群人梦想着自己的生活,而非拥有生活的梦想,却得意于自满之中。

昨天,李还爱着罗宾(朱迪·戴维斯饰)。今天,他却想得到其他所有的女性。沃伦·比蒂从《风流绅士》中肯定可以知晓这种令人尴尬的欲望。李以为离婚可以为个人的黄金单身生活打开无数大门，然而他却发现身边的女性都难以得手。他可以打量、抚摸并感受她们，但却进入不了她们的身体。《名人百态》再现了这种挫折及其心理后果。更确切地说，该片在银幕上凸显了一位失败的小说家所遭受的挫折，因为他已被自己的时代和作品迅速超越。片中的男女互相既不理解也不愿倾听，每个人都把钱财花到心理治疗和（处方抗抑郁）药物上。在影片的一个场景中，罗宾在接受精神分析时，发觉自己生活的时代以"隐退"与世故作为成熟的标志（瑜伽与放松技巧甚是风行）。许多能力她都不太具备，她没有自制力并急于发泄自己的怒火（作为受骗和蒙羞女性），同时宁愿通过歇斯底里来自我掩饰，而非注重心理治疗矛盾地维护的那些社会规范。

　　一位影迷："你思想很堕落。"

　　桑迪·贝茨："多谢！"

《星尘往事》

　　音乐可以柔化习性，但埃米特却是一位脾气暴躁的人。他之所以对同辈和公众发火，是因为他们都没有认识到他个人才华应有的价值。作为知名吉他手，他想斩获金格·莱恩哈特①的位置，但却总是屈居第二。和《西力传》同出一辙，片中的吉他比赛显然是虚构的。伍迪·艾伦之所以将真实与虚构糅合起来，目的是让《甜美与卑微》更具吸引力。其中，艾伦采用（虚构）纪录片电影的方式来书写一位爵士音乐家的传记，里面贯穿着逸闻趣事和爵士乐偶像的快闪镜头。与《名人百态》有所不同，这部影片

---

① 金格·莱恩哈特（Django Reinhardt，1910—1953），比利时裔法国著名吉他手，18岁时因意外事故只能以三个手指进行演奏，但却蜚声音乐界。——译者

的基调更为轻松，所以观众的失望自然更少。人们逐渐意识到导演在自娱自乐，而影片自由的形式也支持这种观影体验。在拍完两部稍带正剧特色的精神分析片后，伍迪·艾伦又重回喜剧题材和彩色模式（然而时间却退至二十世纪三十年代）。在这部为西恩·潘撰写的角色影片中，一个青年艺术家梦想着蟾宫折桂。在影片中，埃米特也正是坐在仿制的月亮上，准备登台演奏。这是一次失败的登台，因为悬挂月亮的绳子根本禁不住音乐家以及自我的重量……

　　"我没有什么伟大的。"

2015 年 8 月伍迪·艾伦受访美国国家公共电台所言

　　在二十世纪九十年代导演拍摄的最后三部影片（《解构哈利》、《名人百态》与《甜美与卑微》）中，每部作品都以各自的方式聚焦那些在抱负上遭遇不幸并精神错乱的人物。片中的男性主人公（他们再次回到前台）经历诸多危机并遭遇（性功能）障碍，内心由此变得愈发贫瘠。不论是哈利、李或埃米特，他们都遭受着同样的问题：极度的自恋。我们知道希腊神话如何结尾。由于对自己的影子倾慕不已，那喀索斯（Narcisse）最终坠入水中。这种致命的盲目将带给伍迪·艾伦灵感，使他在随后几年针对这个主题拍摄多部寓言式作品：爱情的盲目（《奇招尽出》）、心理的盲目（《好莱坞结局》）、隐喻式盲目（《业余小偷》）或命运的盲目（《玉蝎子的魔咒》）。

第 **6** 章

非理之人的胜利

"对智慧的渴望就是死亡①。"

米歇尔·翁弗雷

　　要说伍迪·艾伦的电影改变了世界，这无疑有点夸大其辞。不过将他视为对抗社会与敌意的壁垒，这似乎倒更合适。但导演显然没有忘记，自己职业的首要功能是娱乐大众。于是，他通过揭示人类最卑劣的行径以飨观众，正如古希腊罗马时代的戏剧，不过在揭露骗子的行径时，他从来不对其横加指责。因为伍迪·艾伦的摄像机在揭除人物的面具时，从来不对他们施加价值判断。作为一名杰出的犬儒主义者，他展现出开阔的情怀与宽容的态度，对性取向边缘化或古怪的人群，比如同性恋、双性恋以及乱伦、鸡奸或恋兽癖，他也毫无惩戒之心。然而对于谋杀，"犬儒主义者并非不敬佩这类人，他只是认识不到这种僭越的好处②"。此外，

---

① Michel Onfray, *Cynismes. Portrait du philosophe en chien*, op. cit. , p. 151.
② Ibid. , p. 147.

伍迪·艾伦也对美德和道德加以区分，认为后者并非前者的首要条件。在他的影片中导演并非要颂扬犯罪，而是对犯罪的宗教后果持保留意见。总之，伍迪·艾伦始终通过在理智上拉开距离来理解这些行为及其后果。

　　"我出生时信奉犹太教，但后来皈依了自恋主义。"
　　　　锡德尼·沃特曼（伍迪·艾伦饰）（出自影片《独家新闻》）

　　尽管艾伦片中的主人公对那些宣扬绝望的论点加以驳斥，但他们也并非乐观主义者。他们只不过是眼光明锐而已，但正是这种明锐扰乱了虚构故事中的进程。这些人物并非要逃避现实，而是要找到"诀窍"（正如乔治·梅里爱①所言），以便让生活更具魅力：爱情、魔术、表演、音乐、电影，诸如此类。在他的所有影片中，伍迪·艾伦揭示其中的"诀窍"，尤其是透过棱镜看到的不同层面的现实。若说二十世纪九十年代，他将束缚艺术家、思想家或者眼科大夫（《罪与错》朱达的职业）自由的障碍搬上银幕；那么二十一世纪前十年，这些障碍也依然存在，只不过扫除障碍的途径却变得有些极端，而援用谋杀作为手段开始反复出现（《赛点》、《独家新闻》、《卡珊德拉之梦》与《非理之人》）。从这些犯罪行为之中，我们可以窥见人物的胆怯。影片中的主人公宁可牺牲他人性命，也不愿面对遭人揭发与评判的可能，于是他们选择谎言与压抑。从某些人物实施的谋杀当中，我们同时也能看出一种对生命的向往，因为犬儒主义者并不喜欢迈入一条死胡同。

---

① 乔治·梅里爱（Georges Méliès，1861—1938），法国电影史上的先驱人物，世界电影之父，代表作有《月球旅行记》（Le Voyage à la Lune，1902）、《哈姆雷特》（Hamlet，1908）等。——译者

　　"偶然因素或运气是人无法掌控的东西。对此人无能为
力，不论是有时生活中的苦涩，还是社会的不公或者失德①。"

　　在直面死亡的同时，也正是欲望或快乐驱使着艾伦片中的人
物"在真实世界的碎片面前②"生活、思考与行动。对于那些以圣
洁羽衣自我美化的任何事物，他们都"横加谩骂"，正如《怎样都
行》中的鲍里斯·叶利尼科夫，他会不遗余力地嘲讽社会、民主、
上帝、政客以及规约。他们不仅对死亡有明锐的认识，而且对生
命及其价值也有同样的认识。因此，为了保持生命不息，任何手
段都好。正如《双生美莲达》中的人物所言，"人们等待的也正是
结果。"而且，这些主人公最终都更钟情现实而非虚幻。因为唯一
值得信仰的只有生命，此外别无他物。这种本能可以让有些人发
疯或者勃然大怒。

　　"既然人们的生活不能离开虚幻，那么智慧就在于从生活
中找到发明虚幻的方式③。"

厌世者、私人侦探与瞎子

　　伍迪·艾伦以一部喜剧来迎接新世纪，并在里面担任了主角。
要饰演《子弹横飞百老汇》中的大卫和《名人百态》中的李，他

---

① 此言出自 Woody Allen，载于 2005 年 10 月 26 日的《费加罗报》（*Le Figaro*）。
② 同上。
③ Woody Allen，引自 Marie-Noëlle Tranchant 的 *Tout ce que vous avez toujours voulu savoir sur Woody Allen sans jamais oser le demander*，*Le Figaro*，Hors-Série，2007，p. 64。

已经有些年老，而《甜美与卑微》中的埃米特则是他专为西恩·潘撰写的角色。这次，艾伦以临时匪徒形象重归银幕，而这部2000年的贺岁片在影射个人首部影片《傻瓜入狱记》（其中他饰演银行抢劫犯）的同时，也在追忆亨弗莱·鲍嘉（影片的宣传海报巧妙地在向演员致敬）。2000年5月19日，《业余小偷》在美国上映。经过几周的院线营销，该片成为导演在商业上最成功的影片之一，并斩获一千七百多万美元的票房纪录；恰似一缕幽香，让观众一时为之倾倒。

被好友谑称"脑瓜"的昔日小偷雷·温克勒（Ray Winkler）决定当世纪大盗。于是，在他与妻子找到一伙无能之辈作为援军后，便开始为自己变身富翁设计蓝图：从邻近一家商店在地下挖通道直达银行的金库。这时，街角一家商店适逢外租，多谢！雷和妻子决定租下这家商店，并准备将这个作案窝点改装为曲奇饼干店。一个计划、一伙团队、一张掩牌。然而，这里并未考虑团队（糟糕）的定位能力，因为他们并未挖到银行金库，而是通至一家服装店。纯属一群毛贼。若说影片中的对话值得玩味，伍迪·艾伦—特蕾西·厄尔曼①扮演的夫妇令人大跌眼镜，那么影片的结构则尤其值得等待，因为这全然不属正统戏剧框架（开端→发展→突转→结局）。然而，导演却对斯蒂格·布里克曼坦言说，他格外关注影片结构，正如他的大部分作品那样。对于评论界没花太多时间细察其结构，他深表遗憾。不过，导演在片中力图故事结局简洁明了，以便更好地展现这对夫妇在银幕上的贪婪。

　　"老天！为什么你总是扼杀我的梦想？/那是因为你在巧

---

① 特蕾西·厄尔曼（Tracey Ullman, 1959—　），英国女演员，曾主持个人脱口秀并出演《业余小偷》（2000）。——译者

克力蛋糕块中掺了鸦片，所以你有了别人的梦想。"

　　　雷（伍迪·艾伦饰）与弗伦奇（特蕾西·厄尔曼饰）（出自影片《业余小偷》）

　　由此，导演在二十一世纪演绎了一则功败垂成的经典故事，其基调在虚构小说中尤其常见。显然，《业余小偷》是一部有滋有味的喜剧片，正如雷的妻子弗伦奇（Frenchy）制作的曲奇饼干那样。不过，在采用这个组分精确定量的传统配方时，伍迪·艾伦刻意撒了一点凝块：一位厌世的主人公，有点乡巴佬特征，他逐个驳斥迈阿密、电视剧、艺术（与休·格兰特①首度合作）、营养（我们享用的青蛙腿）、亨利·詹姆斯以及金钱，正如艾伦所言，金钱"要比贫穷好，也只从经济上来说才是如此②"。不论他们的动机值得称道与否，片中人物都有着同样的目标：依据个人愿望生活。因此，在影片人物与外部世界的关系上，犬儒主义印记在此表露无遗。若说弗伦奇明白为达到个人目的应该适应环境并掩饰情绪的话，雷则无法克制自我并惺惺作态。这个人物赢得一切，目的就是为了远离当代社会，因为社会的愚蠢与平庸让他恼怒不已，正如艾伦本人远离纽约知识分子社会那样。这是趋炎附势文化的深层危机？

　　　"你身体里连一根符合犹太教规的骨头都没有。"

　　　贝蒂·安（海伦·亨特饰）（出自影片《玉蝎子的魔咒》）

---

① 休·格兰特（Hugh Grant，1960—　），英国男演员，毕业于牛津大学文学系，代表作有《墨利斯的情人》（*Maurice*，1987）、《诺丁山》（*Notting Hill*，1999）等。——译者

② *Woody Allen*，*Dieu*，*Shakespeare et moi*，op. cit.

　　此外，《业余小偷》也标志了伍迪·艾伦与制片人让·杜马尼安的破裂。这次职业上的分手同样由法庭裁决了结，不过显然没有产生 1992 年那场分手造成的轰动效应。导演指控制片人骗取几千万美元的资金，而后者也对前者提出了同样的指控。人们几乎相信了大师剧本的开头，《业余小偷》推出后产生的反响无疑是个完美的巧合。艾伦之前与甜蜜地带（Sweetland）影业公司签订的合同也被撕毁，而双方最终到 2002 年才达成和解。在 2002 年推出的影片《好莱坞结局》中，导演揭示了长片制作的内幕，这难道亦属巧合？针对好莱坞及其制片人，伍迪·艾伦不再保留个人评论："我认为在美国只有一小部分制片人真心实意地拍电影，其他人都在做他们所谓的'项目'……项目实施前需要很多的午餐和晚餐会谈，他们要分别与作家、导演、演员见面。他们的生活围绕着制作前的仪式展开。等电影最终制作之后，它通常也是商业上的无稽之谈①。"

　　在 2001 年与 2002 年之交，除让·杜马尼安离去之外，伍迪·艾伦还丧失了年迈的双亲（其父活了一百岁）。对于丧亲他并没有过多流露悲伤，然而他在 2003—2007 年之间的影片中却到处弥漫着死亡的阴影。正如以往那样，当风吹得最猛烈的时候，导演又再次追溯往昔的岁月。而《玉蝎子的魔咒》将时间定格在 1940 年的纽约。为了增加时代氛围，场景室内木质装饰风格热情，基本色调为黄褐色，屋内烟雾弥漫。伍迪·艾伦在修饰一个看似简单的故事结构：侦探故事。只是故事情节有多个线条：C. W. 布里格斯（C. W. Briggs），作为北岸保险公司的私人侦探，他不仅要应付老板的情人空降办公室以推进公司侦查现代化的局面，而且还要处理一家豪华陈列馆的失窃案，因为那里的报警装置由他本

① Stig Björkman, Woody Allen, *Entretiens avec Stig Björkman*, op. cit., p. 93 - 94.

人委托安装。于是，故事的双重情节在一家漂亮商场内混合起来，二者之间由公司员工出席观看的一场魔术表演加以关联。在被一位居心叵测的魔术师通过言词"卡萨布兰卡"催眠后，化身牵线木偶的布里格斯由此成为牺牲品，正如在感恩节当天，所有人都追着他跑那样。正如让-卢·布尔热在《正片》杂志中写道："正是故事的这种透明具有特定的欺骗性，它强化了观众的优越感（他们知道的比人物要多，且从故事开始就明白了一切），观众由此也放松了警惕，这与正统的侦探故事有所不同，因为那里的观众趋于对任何线索都超级敏锐，也不论它相关与否[1]。"

    "我们去吃午饭。我知道一个你喜欢的地方，专供盖世太保菜。"
    C. W. 布里格斯（伍迪·艾伦饰）（出自影片《玉蝎子的魔咒》）

    正是影片的多重特征赋予《玉蝎子的魔咒》以深度。伍迪·艾伦成功地将线索交织起来，正如一位魔术师那样，给绳打个假结后暗中一抽让绳结消失。通过人物布里格斯，他表现了自己哗众取宠的一面。身穿私人侦探风衣，头戴博尔萨利诺平顶帽，这正是他青少年时期梦想的角色（从亨弗莱·鲍嘉到至尊神探拉尔夫·伯德[2]）。总之，黑白片的影响随处可见：从片中饰演劳拉·肯辛顿（Laura Kensington）的查理兹·塞隆[3]的侧影到霍华德·

---

[1] Jean-Loup Bourget，《Woody Allen, *Le Sortilège du scorpion de Jade*. La vie secrète de C. W. Briggs》，载于 2001 年 12 月第 490 期《正片》。

[2] 拉尔夫·伯德（Ralph Byrd, 1909—1952），美国演员，因在银幕上扮演漫画人物至尊神探迪克·屈塞（Dick Tracy）而出名。——译者

[3] 查理兹·塞隆（Charlize Theron, 1975— ），生于南非的美国女演员，曾出演《女魔头》（*Monster*, 2003）、《白雪公主与猎人》（*Snow White and the Huntsman*, 2012）等片。——译者

霍克斯①执导的《夜长梦多》，或者比利·怀尔德《双重赔偿》中的几个片段以及直接引述影片《卡萨布兰卡》中人物的对话。伍迪·艾伦在借鉴这些电影类型的同时，更试图与之保持距离。以两性之间的冲突为掩护，这部美国侦探喜剧《玉蝎子的魔咒》包含了所有元素，像一枚珠宝盒，它让伍迪·艾伦的魅力火花四射：他的足智多谋、嘲讽模仿以及对轶事的喜好。

若说他在向陪伴自己童年的那些展现男女关系的影片（如二十世纪五十年代凯瑟琳·赫本、斯宾塞·屈塞②出演的影片以及丘克③、克雷默④或卡普拉执导的影片）致敬，那么导演在 2002 年的《好莱坞结局》还继续对此进行探索。在《玉蝎子的魔咒》中，他与海伦·亨特⑤上演拌嘴好戏，重新找回了往昔与戴安·基顿搭档时的那种喜剧活力。在《好莱坞结局》中，蒂娅·里欧妮⑥担任他的搭档，她在片中扮演年轻漂亮的制片人埃利（Ellie），此人正是瓦尔（Val）离异的前妻。动机何在？欺骗、幼稚与疑病危机。虽

---

① 霍华德·霍克斯（Howard Hawks, 1896—1977），美国导演，代表作有《夜长梦多》（*The Big Sleep*，1946）、《绅士喜欢金发女》（*Gentlemen Prefer Blondes*，1953）等。——译者

② 斯宾塞·屈塞（Spencer Tracy, 1900—1967），美国演员，曾凭《怒海余生》（*Captains Courageous*，1937）、《孤儿乐园》（*Boys Town*，1938）连获两届奥斯卡最佳男主角。——译者

③ 乔治·丘克（George Cukor, 1899—1983），美国导演，代表作有《小妇人》（*Little Women*，1933）、《罗密欧与朱丽叶》（*Romeo and Juliet*，1936）、《乱世佳人》（*Gone With the Wind*，1939）。——译者

④ 斯坦利·克雷默（Stanley Kramer, 1913—2001），美国导演、制片人，代表作有《疯狂世界》（*It's Mad Mad Mad Mad World*，1963）、《猜谁来赴晚宴》（*Guess Who's Coming to Dinner*，1967）等片。——译者

⑤ 海伦·亨特（Helen Hunt, 1963—　），美国演员、导演、编剧，曾出演《尽善尽美》（*As Good As It Gets*，1997）、《荒岛余生》（*Cast Away*，2000）等片。——译者

⑥ 蒂娅·里欧妮（Tea Leoni, 1966），美国女演员，曾出演电视剧《查理的天使》（*Charlie's Angels*，1988）与《居家男人》（*The Family Man*，2000）等片。——译者

说瓦尔在日常生活中让人无法忍受，但埃利却认可他的才华。于是，她决定将他从绝境中解救出来，并提议请他拍摄影片《不夜城》以便东山再起。一个剧本等着他去拍摄。

为了增加嘲讽力度，虚构与现实像以往那样融为一体。伍迪·艾伦在片中扮演一位过气的导演，人们建议他重回银幕的前台，拍摄一部有关纽约的影片。当然，这是一部值得拍成黑白片的电影。在新闻发布会上，伍迪·艾伦开玩笑地说："这是住在纽约的一位神经质电影导演的故事，这会让你们知道我影片题材的狭隘。"一句有关电影的俏皮话，它本身已经具备了电影的形式。同时，我们也可以看出伍迪·艾伦对前任制片人杜马尼安的嘲讽，而导演由此便与这个行业（制作、发行、摄影执导、演员等）愉快而和气地做了一个彻底的了断。

最终，瓦尔·韦克斯曼尽管接受拍摄影片《不夜城》，但他却对女友（一位缺少头脑而偏执于个人体重的女性）说："为这份工作我宁愿去杀人。但我想杀的人却是给我这份工作的人。"这句话含义很深，因为我们知道导演与接洽签订合同的制片人和发行公司并未达成满意的协议，正如影片《好莱坞结局》的发行公司梦工厂那样。于是，导演利用喜剧再现了一位影人回归银幕遇到的挫折，他不仅对东山再起心存忌惮，而且还必须让步，尽管他始终是项目的老板。就让步对象而言，制片人正好是瓦尔的前妻与她现任的丈夫。开机前一天，这种让人既尴尬又倍感压抑的情景对男主角的身心产生了作用：瓦尔失明了。真是糟糕透顶！若说他失明了，头脑却依然明锐。

　　"我看不见了！快叫医生！"
　　瓦尔·韦克斯曼，（伍迪·艾伦饰）（出自影片《好莱坞结局》）

在伍迪·艾伦的电影作品中，眼睛（看见的与看不见的东西）始终是个隐喻，而在《仲夏夜绮梦》、《罪与错》和《解构哈利》中，眼睛则具有了悲与喜的双重意义。对韦克斯曼而言，在人生如此关键的时刻失明显然是个悲剧。丧失"工作用具"之后他如何适从？他会在不经意间搞砸一切吗？接下来会发生什么？这会结束吗？诸多问题令他头痛不已，不过他却泰然地稳坐于沙发。经纪人试图安抚他，并建议他隐瞒真相。不论失明与否，他都得拍这部电影。这纯粹是疯狂之举，由此导致的情节突变一个接一个，不过故事最终还是以摆脱困境收场。在本片中，所有艾伦式的喜剧元素齐聚一堂（插科打诨、诙谐、误解、玩笑）……正如他最近的两部电影所示，伍迪·艾伦向人们揭开后台制作的魔法，将摄像机对准个人艺术的核心：摄制技巧。在以电影为职业长达四十年后，也的确有必要就此加以披露，以便说明他的作品与现实拉开的距离。在二十一世纪之初，导演自得其乐。他嘲笑空想家、钟情之人、乐观主义者、好莱坞、当代社会，而丝毫不掩饰个人观察的明锐，这也让影片的对话更为有力。"这在于倡导颠覆性讽刺……一切都在语调之中[1]。"此处，虚假与脱节的寓言便具有了伪装的全部意义。

从另一个层面来说，弗洛伊德始终干预着情节发展。对瓦尔·韦克斯曼而言，拍摄电影于是成了一种治疗形式，他为了重获光明，就需要与过去做个了结。由此，他的心结将逐一解开：他与埃利、艺术以及自己的关系，尤其是他与儿子之间从未有过的关系。片中，我们看到的这位不到三十岁的年轻人（马克·韦伯[2]

---

[1] Michel Onfray, *Cynismes. Portrait du philosophe en chien*, op. cit., p. 22.
[2] 马克·韦伯（Mark Webber, 1980— ），美国演员、编剧，曾出演《下雪的日子》（*Snow Day*, 2000）、《记忆神偷》（*The Memory Thief*, 2007）等片。——译者

饰）是个朋克迷，作为重金属乐队的成员，打孔纹身两齐全。片中上演的场景甚为感人，其中父亲承认自己的失职，而儿子则坦然接受。然而，这幕场景纯属虚构。因为在现实生活中，艾伦和西默斯（他与米娅·法罗的儿子，他的生父地位后来遭到质疑[①]）之间早已没有任何往来。

此外，一个熟悉的名字出现在片头字幕之中，这正是莱蒂·阿伦森（Letty Aronson）。从影片《玉蝎子的魔咒》开始，伍迪·艾伦的妹妹开始担任他的电影制片人。由此，电影制作成了家庭内部事务……此外，莱蒂·阿伦森也始终是导演忠实的合作人。1994 年，她在电视电影《别喝生水》和《子弹横飞百老汇》中联合担任制片人，影片《子弹横飞百老汇》不仅获得七项奥斯卡提名，而且黛安娜·维斯特还获得了最佳女配角的荣誉。

我没有提绳来拽我[②]

"你在为什么做准备，是为世界末日吗？"
　　杰里·福尔克（贾森·比格斯饰）对大卫·多贝尔（伍迪·艾伦饰）说（出自影片《奇招尽出》）

"我们往往将卫道士冷漠而犀利的视角与透过棱镜执迷于惨白真相的视角混淆起来。对犬儒主义者而言，没有什么比扭曲真相的热情更为少见[③]。"对伍迪·艾伦的所有电影，我们同样可以做

---

① 有谣言说西默斯是米娅·法罗与弗兰克·辛纳屈之子，法罗在二十世纪六十年代与辛纳屈结婚，之后两人仍然有来往。
② 迪士尼动画片《匹诺曹》（*Pinocchio*）歌曲名，法文为 "Sans aucun lien, je me tiens bien"。——译者
③ Michel Onfray, *Cynismes. Portrait du philosophe en chien*, op. cit., p. 59.

出这种评定，而且他也彻底去除了个人的偏执。若说片中鲜有美好的结局，它们也始终为生活中的诸多问题提供了解决途径。不，未来的天空也并非灰暗。这也正是《好莱坞结局》探讨的主题，而该片末尾还采取了开放式结局：瓦尔·韦克斯曼的影片遭到美国评论界的狠批，但却得到法国人的大力赞扬。一切都是视角的问题。这也同样是 2003 年推出的影片《奇招尽出》的观点，该片完美地平衡了悲观与乐观两方面的看法。

　　"一块钟表就是坏了，一天之内也有两次是对的。"

伍迪·艾伦

　　伍迪·艾伦生性忧郁，但并不能就此认为这属病态性悲观人格。因为若说悲观主义者易于妥协，那么艾伦剧中的人物会顽强地与他们自己的意志和他人的意志展开激烈斗争。《奇招尽出》讲述了一位青年笑星在纽约拼搏的故事。在他与一位神经质的年轻姑娘阿曼达（Amanda）同居后，她让他看到了色彩缤纷的世界。他们每天都与同是笑星的忘年之交大卫·多贝尔（David Dobel）散步，后者经常就人生、爱情、性爱、持枪、工作或者精神分析发表看法（让我们想到丹尼·玫瑰），他认为周围四处是反犹太分子，一个公共危害也昭然若揭。对杰里（Jerry）而言，这是一种充实的生活，但四周却是更为疯狂的人群。

　　"我想过自杀，但这解决不了我所有的问题。"
　　杰里·福尔克（贾森·比格斯饰）（出自影片《奇招尽出》）

　　伍迪·艾伦这里所要呈现的，正是个体沉浸于混沌状态的倾向，以及与之相对的抵抗倾向。若说杰里难以摆脱阻止他前进的

154

隐形羁绊，大卫·多贝尔则似乎享受着彻底的自由，那就是在田野上空飞翔，正如观众在片中所见。和第欧根尼一样，大卫也并非"好父亲、好丈夫、好市民与好雇员"，他"脱离了这个空幻世界，其中人们徒劳地从事各种活动——政治、商业、战争、农业、生育与婚姻"。而且，伍迪·艾伦塑造的这些人物愈发具备犬儒主义哲学家的特质，第欧根尼与安提西尼的语录也自然而然地出现在这些人物的言谈举止之中。其实，若说杰里被生活的各种要求牵绊，大卫对此则完全是笑看人生，因为他已经摆脱道德、社会和家庭责任的负担。他试图让自己的青年朋友明白，不论他做何种选择都会始终遭受羁绊。因为他知道自己在逃避何物，他知道自己所谈何事，对此他的个人经历就是明证。他那古怪的性格、荒诞的爱好以及流浪乡野的步伐，都正是他个人世界观的写照。对此，他有许多话要（重）说，而他丝毫不相信人类发展的道路。因为这条道路似乎没有出口，对此他完全无法承受。

> "我答应学生们要带他们去大都会博物馆看卡拉瓦乔展。我时不时地用文化滋养他们，免得他们用自行车链条抽出人命。"
>
> 大卫·多贝尔（伍迪·艾伦）（出自影片《奇招尽出》）

此处的对话冷酷、尖刻而犀利，里面的词语犹如暴风骤雨。片中，伍迪·艾伦饰演独具慧眼的笑星，却被人当疯子对待。在逃离庇护所之后，人们不再将他视为疯子，但他却因自己的睿智与深邃被视为威胁而遭罪。在整部影片中（影片故事步调几乎不动），经历这些突发事件正是杰里所要面临的考验，大卫试图向他说明，人生的唯一出路是后退、距离与高度。大卫鼓励杰里拿出勇气，用双手解除拴在脚踝上的羁绊：老板、女友、城市，正是这些东西不断在推他前行。远离这种混沌，并免于自己被吞灭，这就是解决办法。如果大卫有什么手段可以驻足，他的反抗也只有在城市才有意义，因为那里有他的对手——反犹太分子、傻瓜白痴、自负之人与共和党派。但对于年轻的杰里而言，他在脱离社会后没法征服自己的独立。在乘坐的出租车载他远离人群时，一种可能的未来呈现在面前。如果说杰里的眼神中依然对变化心存恐惧，那最终以天真的理想主义释怀却让他露出了笑容，由此正好避免了悲剧的发生。

"作为民主人士，犬儒主义者会让所有人都有机会倾听自己的言论，并由此理解其中哲学信息所传达的意义①。"

在《安妮·霍尔》中，旁白发挥着揭露隐情的作用。在《奇招尽出》中，旁白极富寓意，而片中的大卫还确保了它所有的功能。若说世人（首先是他的精神病医师，此人已为他的好斗付出代价，并在颈背受到致命一击）都将他视为疯子，他的古怪与他的深邃则不可同日而语。他不会在世界末日但会在人类社会末日疾呼，那时掌权者兽性愈发凸显。由此，伍迪·艾伦倾力向后人发出警示：要对一个愈发苛刻的社会（杰里女友的形象）有所警惕，因为社会已被进步蒙蔽双眼，变得毫无创意。《奇招尽出》采取了接力赛跑的姿态，其中大卫·多贝尔用尽浑身解数让杰里睁开双眼，而且显然也期望通过投射和认同作用，让青年一代观众也能睁开眼睛，这代观众已经从《美国派》认识贾森·比格斯，也理应从另一种完全不同的电影风格中将他发现。艾伦的转移处于上述水平，他意识到即使他本人始终不变，公众的面容也早已

① Michel Onfray, *Cynismes. Portrait du philosophe en chien*, op. cit., p. 88.

改变。

　　"我告诉你，福尔克。我们生活的时代很危险。你得对这些事情有所警惕。你不想让自己的人生成为一段以大提琴小调配乐的黑白新闻短片吧？"

　　　　　　大卫·多贝尔（伍迪·艾伦饰）（出自影片《奇招尽出》）

我不需要任何人来拉提绳[①]

　　在 2003 年威尼斯国际电影节上，《奇招尽出》作为开幕影片展映。借此机会，伍迪·艾伦在拍摄《人人都说我爱你》的城市逗留了几天，因为他非常喜欢这座城市。借大卫·多贝尔为外衣，导演作为年长的导师与贾森·比格斯同台亮相，后者饰演片中的杰里，作为二人组合中的年少者，他可谓是导演的第二自我。导演与第二自我在银幕上的合作十分彻底，而杰里也成了艾伦式主人公的"2.0 版"。借助这个全新的人物，艾伦得以将不断纠缠自己的神经症加以转移，而以前都是他本人饰演主人公。正如格雷戈里·瓦郎评述道，这种龄代转移同样也象征性地表现在影片中戴安娜·克瑞儿[②]的出演上，"在自我定义为世纪爵士音乐人之后，艾伦援用了青年观众熟知的新生代爵士女歌手[③]。"在把握本片的

---

① 迪士尼动画片《匹诺曹》（*Pinocchio*）歌曲中的后续歌词，法文版为"Je n'ai besoin d'aucune main qui tire mes ficelles"。

② 戴安娜·克瑞儿（Diana Krall，1964—　　），加拿大爵士乐女歌手，曾三次获得格莱美奖（Grammy Awards）。——译者

③ Grégory Valens, *Anything Else*, *la vie est tout le reste*. *Le champ de l'intime*，文章载于 2003 年 11 月第 513 期《正片》。

精要之后，瓦郎继续深入分析，认为这对导演的职业生涯而言可谓是重要的偏离：在沿用传统的同时，将年轻人拉入自己的阵营，而非将传统现代化，这也正是他采取的路线。

一年以后，《双生美莲达》于 2004 年上映，伍迪·艾伦在这部正剧中没有出镜。在导演的第三十四部影片中，剧组人员完全由新生代演员构成，其中有威尔·法瑞尔①（《超级名模》）、科洛·塞维尼②（《男孩别哭》与《狗镇》）、凡妮莎·肖③（《禁欲四十天》）、切瓦特·埃加福④（《为奴十二年》）和拉妲·米契尔⑤（《怒火救援》）。影片《双生美莲达》讲述了一群剧作家的故事，正如《丹尼玫瑰》那样，该片中人们也在餐厅聊天。这里，谈话内容不再围绕大家嘲笑的老同事展开，而是围绕悲剧与喜剧展开争论，艾伦对这两种戏剧类型可谓了如指掌。一部出色的喜剧贵在哪里？一部悲剧的力量源于何处？这两种类型戏剧的界限又在哪里？在片中导演提出了诸多问题，并决意臆造一个人物和一个场景来让这场争论更加具体。

作为他们想象的产物，美莲达（拉妲·米契尔饰）承载了两

---

① 威尔·法瑞尔（Will Ferrell, 1967—　），美国演员、编剧，制作，曾出演《王牌大贱谍》（*Austin Powers*, 1997）、《荣誉之刃》（*Blades of Glory*, 2007）等片。——译者
② 科洛·塞维尼（Chloë Sevigny, 1974—　），美国演员、模特，曾出演《男孩别哭》（*Boys Don't Cry*, 1999）、《双生美莲达》（*Melinda and Melinda*, 2004）等片。——译者
③ 凡妮莎·肖（Vinessa Shaw, 1976—　），美国演员，曾出演《双生美莲达》（*Melinda and Melinda*, 2004）、《邪恶之地》（*Badland*, 2007）等片。——译者
④ 切瓦特·埃加福（Chiwetel Ejiofor, 1977—　），美国黑人男演员，曾出演《肮脏甜蜜的事》（*Dirty Pretty Things*, 2002）、《为奴十二年》（*Twelve Years a Slave*, 2013）等片。——译者
⑤ 拉妲·米契尔（Radha Mitchell, 1973—　），澳大利亚导演、演员、编剧、制片人，曾出演《黄石的孩子》（*The Children of Huang Shi*, 2008）、《未来战警》（*Surrogates*, 2009）等片。——译者

个平行故事情节的面孔，并通过电影的魔力在我们的视线里拥有了生命。在悲剧版本中，美莲达以丧失宝座的王后形象出现，在失去一切（丈夫、孩子、情人与钱财）后，偶然落在昔日密友的顶篷上。为了帮助美莲达，好友劳雷尔（Laurel，科洛·塞维尼饰）打开自己的通讯录，扮演起媒人的角色。美莲达正需要与这些"好"男人交往来借此分心：劳雷尔用尽各种策略，以防止美莲达陷入阴影与空虚，却依然于事无补。但在喜剧版本中，美莲达是一位生活在纽约的年轻女性。在某个晚上消沉之际，她吞食了一瓶药丸，然后向邻居呼救。这对漂亮的夫妇决定为美莲达提供庇护，其中失业在家的丈夫霍彼（威尔·法瑞尔饰）从宽慰年轻姑娘之中寻找快慰，并对她一见钟情。这正是两群剧作家设计的故事开头。然而，随着讲述的继续，情节出现了突变，以喜剧开头的故事变成了悲剧，反之亦然。

本着"揭露诀窍"与对人工手法的颂扬，伍迪·艾伦在《双生美莲达》中会去拽人物的提绳，而这些人物自己也拉人物的提绳。这完全是一部嵌套式木偶剧，它既让人发笑又让人眩晕。影片试图表明这些提绳有时形成的缠结极为荒唐，而且不可预见的部分绝不能忽略。伍迪·艾伦将有关偶然与运气的论证加以升华，对此他在《赛点》中毫不迟疑地颂扬犬儒主义，为观众带来一个极其戏剧化的结局。在谈论唇枪舌剑进行的时候，我们得知其中一名剧作家因心脏病突发死亡，而在他一个月前的体检中却没有查出任何问题。正如艾伦早前所预示的那样，命运是曲折的，没有人可以阻拦死神的降临并自我保留遗言——入侵银幕的黑色则与一声响指相互应答。

在影片《双生美莲达》中，伍迪·艾伦大肆娱乐自己的文笔，巧妙地将严肃与幻想融合起来。正如影片《好莱坞结局》一样，该片的剧情也呈套偶形式，导演确保最精彩的部分在最后出现。

由此，他表明自己的操作概念。他向观众揭示背后的提绳，和那些提绳人完全一样。这让我们想到犬儒主义的行为，"这其实只是分析行为，在展示这些诡计的同时就将其拆除，这些诡计如同弹簧保证了细绳的应用和运转，这足以废除它们的使用①。"对此，艾伦补充道："我始终感觉犬儒主义或许是现实的另一种形式，因为我感觉自己对社会惩罚这个特殊议题有着真实的看法。对于每个有思想的人，很明显社会上每天都存在大量的不公现象和蓄意犯罪事件，从人身暴行、情感暴行到国际犯罪，它们不仅没有得到惩治，有时甚至还会得到嘉奖。所以我不认为自己的观点愤世嫉俗，相反我倒认为这种看法尤其准确②。"一种玩味文字的方式？

看得更远，看得更高

"在美国，电影市场竞争越来越激烈，但也越来越教条，电影的制作成本也越来越高。不过现实中，我从不缺少卓有成效的发行商。继哥伦比亚三星影业之后，还有米拉麦克斯影业公司，以前这家独立公司很负责，目前成为迪士尼的分公司之后，仍继续负责影片发行③。"

由于纽约的拍摄成本已经攀至顶峰，出于经济原因考虑，导演离开美国来到欧洲大陆，那里共有四个摄影棚受他调遣。虽说他双脚没踏在祖国的上地上，但影片之间的联系却异常紧密，也并未因为空间距离而有所改变。在《双生美莲达》中，伍迪·艾

---

① Michel Onfray, *Cynismes. Portrait du philosophe en chien*, op. cit., p. 94.

② Woody Allen 接受 Cole Smithey 访问谈论《赛点》，全文载于 www. Colesmithey. com，2005 年 12 月 20 日。

③ Jean-Michel Frodon, *Conversation avec Woody Allen*, op. cit., p. 49.

伦通过扰乱这些规则自得其乐，并向观众（他希望大家全神关注）表明，依据剧中塑造的人物的社会、智力、文化和情感条件，一个情景可以朝悲剧或喜剧两个方向演变。在 2005 年推出的《赛点》中，影片通过一则简单的隐喻继续表明这种看法：一个网球在触网后，会落到一边，或落到另一边。显然，片中主要人物的命运也正取决于这颗网球的反弹。继威尼斯之后，导演的这部长片新作又成为戛纳国际电影节的首映影片。在他挽着美艳绝伦的新晋女神斯嘉丽·约翰逊[1]步入红毯时，连当地的气温都升了一个等级。

"他透过房间看到了我，然后像一枚导弹直奔而来。"

诺拉·赖斯（斯嘉丽·约翰逊饰）（出自影片《赛点》）

伍迪·艾伦在片中塑造了一位职业网球运动员，他出身卑微却渴望上流生活。对于这位投机客而言，为了达到目的可以不择手段，他很清楚如何掩饰这些手段，而且个人英俊的外貌也替他打开了通往上流社会的大门。显然，克里斯·威尔顿（Chris Wilton）知道借助自己的魅力来操纵他人，一位富家女随即落入他的罗网之中。这位网球运动员明亮的眼睛令她着迷，而她也梦想着与他结伴而行。他是家中的独子，父亲曾经参过军（并在战场上失去了双腿）。作为一匹孤独的狼，克里斯·威尔顿知道利用个人熟悉的社会规则让自己为精英社会接纳。我们知道索福克勒斯（Sophocle）和陀思妥耶夫斯基也竭力消除他人对自己社会地位的蔑视。对于被他诱惑的听话女孩克洛艾（Chloé），他知道他和她没

---

① 斯嘉丽·约翰逊（Scarlet Johnson，1984— ），美国女演员，曾出演《迷失东京》（*Lost in Translation*，2003）、《赛点》（*Match Point*，2005）、《复仇者联盟》（*Marvel's The Avengers*，2011）等片。——译者

什么差别，自己只是没有那样好的运气生于殷实之家而已。与伍迪·艾伦在银幕上通常塑造的笨蛋形象截然不同，这个阴暗、冷酷的人物倒和扎里格明显有几分相似，尤其是模仿情感和激情的能力，而这种才能让他既具魅力又危险重重。

第 7 章

谏语与警句：

狮子与羔羊同睡一张床，但羔羊没怎么睡着。

伍迪·艾伦《无羽无毛》

克里斯·威尔顿于是成了双面人：天使的面孔与儒雅的面具，二者之间隐藏着他灵魂的阴暗以及身份的冲突。他扮演模范女婿、工作勤恳且业绩突出的雇员与艺术爱好者，以赢得克洛艾全家的支持，并让他们完全认可自己的事业。然而，一个不定因素将扰乱他的全部计划，这正是身穿白色短裙的诺拉（Nola），她玩乒乓球和做爱同样的果断和性感。在他成为克洛艾的未婚夫时，诺拉则是他大舅哥的女朋友。然而，一天下午两人在雨中热吻后，克里斯向这位年轻姑娘表明自己如何渴望拥有她。这是一个改变故事进程的吻。因为即使克里斯按传统方式娶了克洛艾并发誓忠心于她，也只有和诺拉在一起他才感受到快感，因为这种隐秘的爱情让他心跳不断。一位双面人自然过着双重生活。

"那种说'我宁可幸运也不愿出色'的人把人生看得很透彻。"

克里斯·威尔顿（乔纳森·莱斯·梅耶斯饰）（出自影片《赛点》）

正如《罪与错》中那样，在他人尚未对他造成伤害之前，男

主人公便将命运攥在自己手中，并以奸计先发制人。然而，与
1989 年的影片《罪与错》有所不同，《赛点》赋予克里斯的谋杀举
动更大的冲击。因为他谋害的不是一条而是三条人命：诺拉、她腹
中的孩子以及楼下无辜受牵连的邻居，而这则阴暗的欲望故事也
最终以血泊收场。犯罪场景被伪造成了入室抢劫，警方对此轻信
不疑，而伦敦的高犯罪率也对克里斯十分有利。于是，故事的最
终结局便取决于命运女神堤喀①，她对善恶、公平与公正毫不关
心，判决不容置疑且毫不留情。出乎观众意料的是，克里斯在迎
着烈火的战斗中取得了胜利，一个理想的罪犯被破案警察找到，
由此漂白了克里斯的罪责。于是，生活又继续向前迈进：克洛艾顺
利分娩，而主人公就成了这名生于富贵之家婴儿的合法爸爸。克
洛艾与克里斯入住公寓的玻璃窗正对泰晤士河，给人的感觉是这
个位于象牙塔顶端的家庭已经不可碰触。第欧根尼曾说，"奸人的
成功与财运让天神的力量显得荒谬不已②"，而《赛点》的后记说
明他很有道理。

> "人们害怕承认人生在很大程度上取决于运气。想到很多
> 事情都无法掌控，这真让人毛骨悚然。"
> 克里斯·威尔顿（乔纳森·莱斯·梅耶斯饰）（出自影片《赛点》）

难道本质和论辩比理性和修辞更胜一筹吗？这也正是伍迪·
艾伦在本片中探讨的问题。米歇尔·翁弗雷写道，"犬儒主义行为
和姿态表达了个体主权的必然性：每个人都应该成为神③。"在占

---

① 堤喀（Tyché），希腊神话中掌管人世运气好坏的女神，常见形象中手持丰饶角，
　在罗马神话中称为"福尔图纳"（Fortuna）。——译者
② Michel Onfray, *Cynismes. Portrait du philosophe en chien*, op. cit., p. 120.
③ Ibid., p. 57.

据好运的情况下，克里斯逃脱了人世的法网，并在这种双重生活中获胜，由此变得更为强大，而他本人与其本性也最终妥协相处。他以自己的尺度重新规划人生，视野也更为高远。正如艾伦影片中诸多的男性人物，克里斯是自己命运的主人，也是自己的准则。他属何种风格？为了秩序与安定，行事冷酷而决断。"用他们作品中的术语来说，犬儒主义者集力量、自制、决心、意志等优点于一身，并在自我的充分愉悦中体会幸福的感觉①。"

"我理应被逮捕并得到惩罚，因为这其中至少还有一丝公正，并有一线希望说明意义存在的可能。"

克里斯·威尔顿（乔纳森·莱斯·梅耶斯饰）（出自影片《赛点》）

影片《赛点》产生了极大的轰动效应，全世界的观众都为该片的细腻的拍摄而鼓掌喝彩，尽管有人说导演年事已高，也有人说他身心疲倦。该片斩获了近八千五百万美元的票房，并获得了戈雅（Goya）最佳欧洲影片奖。在比才②、罗西尼③和威尔第④小提琴乐曲伴奏下，这部三幕希腊悲剧获得了巨大成功。的确，还有什么比这更具净化效果吗？然而，为了"破冰"，伍迪·艾伦随后立即投入到另一部新片《独家新闻》的拍摄之中。这次他担任了第二主角，第一主角则由斯嘉丽·约翰逊领衔，影片中亡灵与

---

① Michel Onfray, *Cynismes. Portrait du philosophe en chien*, op. cit., p. 61.
② 比才（Georges Bizet, 1838—1875），法国作曲家，代表作有《阿莱城的姑娘》（*L'Arlesienne*, 1872)、《卡门》（*Carmen*, 1874）等。——译者
③ 罗西尼（Gioacchino Rossini, 1792—1868），意大利作曲家，代表作有《塞维利亚的理发师》（*Le Barbier de Séville*, 1816)、《威廉·退尔》（*Guillaume Tell*, 1828）等。——译者
④ 威尔第（Giuseppe Verdi, 1813—1901），意大利歌剧作曲家，代表曲目有《弄臣》（*Rigoletto*, 1850)、《茶花女》（*La Dame aux camélias*, 1853）等。——译者

活人妥协互动。该片依然由伍迪·艾伦的妹妹莱蒂·阿伦森为英国广播公司影业担任制片人。

就私人生活而言，伍迪·艾伦与宋宜依然编织着完美的爱情。2005 年，导演向埃里克·拉克斯吐露说："谈到宋宜，我与她的婚姻在许多人看来很荒谬，但奇怪的是在我人生之中，这对我来说是唯一奏效的关系。过了许多年，我们依然很幸福，并与两个优秀的孩子一起生活①。"这对夫妇领养的两个孩子，名叫贝谢（Bechet）和曼兹（Manzie），这是在向艾伦崇拜的两位爵士乐大师西德尼·贝谢②和曼兹·约翰逊③致敬。宋宜对他十分支持，不仅出现在丈夫的拍摄现场，而且在他欧洲偷闲之际也始终陪伴左右。她总是提醒他说，纽约才是他们的家，而艾伦由于被那里的氛围吸引，却越来越想在欧洲生活。

迈向无穷之外

"你知道，并非世上一切都是险恶的……也差不多如此。"

锡德尼·沃特曼（伍迪·艾伦饰）（出自影片《独家新闻》）

一位名为桑德拉·普兰斯基（Sondra Pransky）的新闻系女学生前去参观由斯普林迪尼（本名锡德尼·沃特曼，伍迪·艾伦饰）指导的一场魔术表演。她被从观众选中进入一个神秘的魔术箱，

---

① Eric Lax, *Entretiens avec Woody Allen*, op. cit., p. 50.

② 西德尼·贝谢（Sidney Bechet，1897—1959），美国爵士乐演奏家、作曲家，专辑有《埃及幻想曲》（*Egyptian Fantasy*，1941）、《小花一朵》（*Petite Fleur*，1959）等。——译者

③ 曼兹·约翰逊（Manzie Johnson，1906—1971），美国爵士鼓手，在二十世纪三十年代尤其活跃。——译者

但当箱子关闭后，她却与最近已故新闻记者乔·斯特龙贝尔（Joe Stromble）面对面相遇，而此人正是她崇拜的偶像。他向她透露了个人调查的秘密，内情可谓劲爆至极。年轻的姑娘为此心神不宁，于是在表演结束后来问魔术师要的是什么把戏，但显然他对此也是毫不知情。桑德拉于是提议在他身边行事，以便为斯特龙贝尔讨回公道：揭开近十年在伦敦横行的塔罗连环杀手面具，并将凶手移交警方处理。这正是这位戴着眼镜的年轻姑娘的计划，以期借此吸引同辈的注意。

自 2003 年从自己的影片中消失之后，伍迪·艾伦再次回归银幕，化身一名魔术师，始终有让人逗乐的笑话，自己经营着一家破旧而过时的小型剧院。这个背景陈设完全是个寓言，因为在这个利用物理与几何原理行骗的空间，阴阳两界在此交汇。我们沿着冥河，通过豪华酒店的桑拿间，而桑德拉与锡德尼则担当导游。正如格雷戈里·瓦郎写道，"《独家新闻》成功地将伍迪·艾伦作品中的不同元素融合起来"，最终将"以前侦探片那种异想天开的风格（《曼哈顿谋杀疑案》或《玉蝎子的魔咒》）与《俄狄浦斯的烦恼》或《爱丽丝》中那种鬼怪离奇的风格混合起来，同时也为影片增添了英国资产阶级的反讽笔调（这在《赛点》中甚至打到了靶心）……毫无疑问，这正是纯粹的艾伦式表现手法[1]"。

正如《奇招尽出》那样，艾伦通过与年轻演员同登银幕来延长自己的演艺生涯，由此为那些相信人生甜蜜而美好的天真之人点亮明灯。在《独家新闻》中，桑德拉与锡德尼之间的交往也依然采取了这样的套路。"你是个愤世嫉俗的悲观分子，你总看到杯子一半是空的，"年轻记者对他说。对此，他回应道："不，你错

---

[1] Grégory Valens, *Scoop. Divertir à mort*，全文载于 2006 年 11 月第 549 期《正片》。

了。我看到杯子一半是满的，但却下了毒药。"不过，伍迪·艾伦和片中人物还是决定将这杯酒喝干。虽说《独家新闻》没有斩获辉煌的票房，但业绩数字依然可观（法国有七十万人次观看）。吸引公众到影院观看的，显然是剧组参演人员：斯嘉丽·约翰逊与休·杰克曼[①]，这也是两人在银幕上的首次合作。不过，这里伍迪·艾伦采取了反串角色的做法。斯嘉丽·约翰逊不再是《赛点》中的荡妇诺拉，而是戴着眼镜稍显笨拙的桑德拉（这与《香蕉》中的路易丝·拉瑟及《安妮·霍尔》中戴安·基顿的形象有点相似）。比参演人员更具吸引力的，要数伍迪·艾伦从胡乐塔贝耶[②]侦探故事和阿加莎·克里斯蒂那里借鉴的元素。这些冷酷的评论者大多并未对这种借鉴过多进行分析，而是对这部电影进行猛烈的攻击。于是，"二流作品"的评论再度浮现。对于这些不买账的评论者，格雷戈里·瓦郎反驳道："只有喜欢伍迪·艾伦才能欣赏《独家新闻》，要真正喜欢伍迪·艾伦就得懂得品味《独家新闻》[③]。"

在他最近选定的英国，伍迪·艾伦依然继续反思着黑色的社会现实（《赛点》），放弃了魔术（《独家新闻》）但并未放弃它的虚幻。《卡珊德拉之梦》以英国伦敦为背景，讲述了两个亲兄弟由于贪婪最终成为冷血杀手而犯错的历程。这里既没有再现地狱之河，也没有呈现地狱（《解构哈利》）的场面，而是出现了一艘帆船，并以古希腊女性悲剧人物定名。伊恩（Ian）和特里（Terry）的生活中没有美梦，一个是汽车修理工，另一个在自家经营的餐馆工作。然而，对

---

① 休·杰克曼（Hugh Jackman，1968— ），澳大利亚演员，曾出演影片《X 战警》（X-Men，2000）和音乐剧电影《悲惨世界》（Les Misérables，2012）等。——译者
② 胡乐塔贝耶（Rouletabille）为法国侦探小说家加斯东·勒鲁（Gaston Leroux，1868—1927）《黄色房间之谜》（Le mystère de la chambre jaune，1907）中的主人公。——译者
③ Grégory Valens，Scoop. Divertir à mort，全文载于 2006 年 11 月第 549 期《正片》。

儿时岁月的怀念再次被他们意欲购买的这艘招摇过市的帆船点燃。于是，特里将自己和弟弟的梦想投注在扑克、赛狗的赌局上，希望能双手攥住聚宝盆，并开始全新的生活，远离抑郁、危机、失业与绝望。然而，幸运女神不再向他微笑，直到债台高筑他才向伊恩坦白了一切。问题的出路何在？正是他们的舅舅解决了他们的困境。对于他们的请求，他应允的同时也索要报答：干掉一个损害他商业利益的刺头。将谋杀视为结束一条狗的性命。这就是合同和其中的条款。

> "正如诗人所言：'唯一肯定会来的船，一定挂着黑色的帆'。"
>
> 伊恩与特里的父亲（约翰·本菲尔德饰）（出自影片《卡珊德拉之梦》）

正如《赛点》中那样，这次伍迪·艾伦同样没有出演，他只是待在幕后，为观众奉献一场光怪陆离的演出。作为导演职业生涯中的第四十场电影，正如《独家新闻》一样，《卡珊德拉之梦》重新回到他个人影视的原初主题：兄弟情谊、对抗、负罪、性爱、恐怖、死亡、投机与宿命。诸多主题挂满船首，在这个他想拍得更为"宽阔"（然而兄弟俩周围的夹钳却开始收紧）的故事中，导演对此进行了深入的探讨。为了实现梦想，我们可以行至何处？这也正是导演邀我们反思的问题，他借助金钱的腐败能力来证明，在每个慈善的人背后都影藏着丑恶。伊恩和特里的父亲说，"没有人想当自私鬼，但每个人都是自私鬼。"这句简短而富于哲理的话像匕首一样刺入两个儿子的心窝。片中父亲的角色代表着卡珊德拉与她的预言，正是他心存警惕，也正是他窥见了悲剧发生的端倪。道德良心的呼唤不断刺激特里，在采取行动且恐惧消失片刻之后，他更是偏执于此，在神经症和恶魔（中午的游戏）之外，艾伦增加了鬼魂，这些鬼魂让特里没法继续生活。这是一段恐怖的舞蹈，步法病态而滑稽，它以圆圈为组织形式，并且转得越来越快。如果有人发笑的话，那显然是强颜欢笑，片中弥漫的病态像车轮辗压着人的神经。

"生活绝对带有讽刺意味。"

安吉拉（海莉·阿特维尔饰）（出自影片《卡珊德拉之梦》）

兄弟俩追逐的人生比他们跑得更快，这也正是影片设计的张力所在，且不说伊恩与特里深深的呼吸加重了这部长片的紧张气氛。作为一部模仿黑色电影的作品，《卡珊德拉之梦》逆袭通行做法，为幽默提供存在的地点，这尤其通过言语反驳加以感受。在陷入一场自己不懂出路的噩梦（影片采用的结构与手法让人感觉是在噩梦之中）后，兄弟俩将做出更加荒谬的选择，不断遭受他们一手制造的混乱的困扰。尽管事态严重，但观众依然会嘲笑他们的笨拙、玩具模样的（木质）左转轮、毫不尽职的警察以及最终带有悲喜色彩的死亡。与不怕上帝终极审判的克里斯·威尔顿有所不同，这种审判让信奉天主教的特里惊悚不已，他最终丧失了现实感知能力，并差点泄漏这个秘密。而更具讽刺意味的是，哥哥的大逆不道却一发不可收拾。正如第欧根尼一样，伍迪·艾伦"通过搅乱我们文明社会的普通场所让浑沌突现其中"①。

在伍迪·艾伦的这部英国电影中，情感脆弱始终与犬儒主义强烈地相互应答，这种搭配也因神话和诗学指涉而绝妙不已，可以说很难找到比《卡珊德拉之梦》更好的结局。因为正是这种二元性激发了这部电影的活力，而导演也追求着出人意料的路线：内

① Michel Onfray, *Cynismes. Portrait du philosophe en chien*, op. cit., p. 103.

省与反省。继援用混沌之神卡俄斯（Chaos）并唤醒冥神哈得斯（Hades）和冥河后，导演又找到了爱神阿佛洛狄忒（Aphrodite）和酒神狄俄尼索斯（Dionysos），并搭乘飞机飞往西班牙。这个热情奔放的国家启发他去拍摄一部浪漫剧，而影片《午夜巴塞罗那》则为自由多元的爱情提供了一种模式。

吸引法则

"既然今天快要结束，如果我请你们两位来我的房间，这合乎情理吗？"

胡安·安东尼奥（哈维尔·巴登①饰）（出自影片《午夜巴塞罗那》）

这就是导演在我们面前呈现的一本旅行日志首页，其中男主角与两位性格截然不同的年轻女性亲密地调情。在《午夜巴塞罗那》中，一位外部叙述者向我们讲述了维姬（Vicky，丽贝卡·豪尔②饰）与克里斯蒂娜（Cristina，斯嘉丽·约翰逊饰）在巴塞罗那（亦出现于片名之中）的度假经历。前者在戴上婚戒之前，体验了最后的自由；后者性情冲动，欲继续按照自己之前的方式生活（不知道她想要什么，只知道她不想要什么）。影片剧情清晰明彻，正如人物头顶之上的那片蓝天。经过一天丰富的文化之旅（高帝建筑），当她们在市区一家餐厅享用晚餐时，一个男人走过来与这

---

① 哈维尔·巴登（Javier Bardem，1969—　），西班牙演员、编剧、制片人，曾出演《夜幕降临前》（*Before Night Falls*，2001）、《老无所依》（*No Country for Old Men*，2007）等片。——译者
② 丽贝卡·豪尔（Rebecca Hall，1982—　），英国女演员，曾出演《恋爱学分》（*Starter For Ten*，2006）、《城中大盗》（*The Town*，2010）等片。——译者

两位朋友搭讪。由于同时被这两位棕发与金发姑娘吸引，他于是
向她们提议"三人一起做爱"，正如歌曲中唱的那样。这样的提议
显然将埋下事端与纷争的种子，因为维姬拒绝了胡安（Juan）的提
议，并认为他很粗鲁，而克里斯蒂娜认为他独具慧眼，于是接受
了提议。只用简单几笔，伍迪·艾伦就搭起了画布，色彩热情奔
放而明晰柔和（完全是情绪可逆的颜色）。

> "我自己完全是异性恋，尽管双性恋会立即让周六晚上约
> 会的几率翻倍。"

"'是'专门用于独一无二的王权，用于热情满怀，用于崇高
的反叛精神，用于恶魔[1]"，米歇尔·翁弗雷如此写道。但他同时
也解释说，犬儒主义的"否"，它"涉及文明社会喜爱的所有神
话"，也即"一切扼制个体自由表达的事物"。若说克里斯蒂娜犬
儒主义的回答"是"可以理解，那么维姬的回答"否"就毫无犬
儒主义的内涵，因为这个人物从整体上来说正是保守主义固步自
封的象征。伍迪·艾伦在片中所倡导的，正是要取代那种神圣的
数学逻辑，按照这种诗情画意的方法，夫妻应该以"1＋1"的形
式缔结而成。其实，在片中人物克里斯蒂娜与胡安·安东尼奥
（哈维尔·巴登）追求快感的过程中，观众可以发现一种近似美学
上的意志。有权决定与谁获得快感，这难道不是自由吗？让自己
的身体遵从它的意愿，这难道不是独立精神吗？这也正是维姬在
被自己的好友撇下之后，自己准备步入爱情牢笼时自我反思的问
题。"听着！我不是自由身，我已经订婚"，她的回答听起来更像
是一种诅咒。

---

[1] Michel Onfray, *Cynismes. Portrait du philosophe en chien*, op. cit., p. 70.

在伍迪·艾伦看来，自由地生活就意味着接受失望、不论发生什么都勇猛向前、采取行动而非事后懊悔。从这个层面上来说，犬儒主义无处不在，因为它是倡导行动而非相信宿命的哲学，宿命论只会让人们停滞不前。"由此，性爱的自由表达或对快乐的单纯追求并未在先验上遭到犬儒主义者斥责……应该懂得在健康的经济开支中享受快乐。"这正是克里斯蒂娜从中学到的经验。在满足自己的愿望之后，她抽身走人，以便不让别人疏远自己。尼采曾说，"要战胜抑郁，就要敢于冒险。"在艾伦的电影中，冒险往往与出发和分离密切相关。他曾说，"一切都不会永驻。"

　　"因为在经历几千年的文明之后，人类还是没有学会去爱。"
　　胡安·安东尼奥（哈维尔·巴登饰）（出自影片《午夜巴塞罗那》）

与此同时，伍迪·艾伦与演员们也整好行囊，结束了他偷闲欧洲的旅行，纽约的警报直接将导演召回到了现场。至此度假结束，而影片的票房业绩也得到了认可；《午夜巴塞罗那》斩获了九千多万美元的票房，而影片拍摄却只花费了二千万。要对犬儒主义加以总结，顾名思义就是"怎样都行"，这也正是第欧根尼、海森堡、尼采、贝多芬与康德联合起来对抗现代社会中知识与文化匮乏的手段。那就是通过智力实践，采取行动并借助影像加以抵抗。然而，"怎样都行"同时也是与教条者对话的一种方式，因为撇开道德不谈，爱情最重要的是运转顺利，且不管年龄、背景、宗教、性格的差异。艾伦本人就是明证：他与宋宜进展就很顺利。

"夜色如此温柔，我们依然活在人世，这意义还不够吗？"

胡安·安东尼奥（哈维尔·巴登饰）（出自影片《午夜巴塞罗那》）

犬吠时刻

"人类！他们必须在公共厕所安装自动马桶，因为人们根本不会主动去冲马桶。"

鲍里斯·叶利尼科夫（拉里·大卫[①]饰）（出自影片《怎样都行》）

"比我如何生活更重要的，是我为何苟活于世？"鲍里斯·叶利尼科夫如此自问。自从步入影视，伍迪·艾伦就对此进行着深沉的思考。在《怎样都行》中，这种思考借助犬儒主义找到了确切的答案。这里，导演在银幕上塑造了一位年逾七旬的纽约老人（拉里·大卫饰），由于对自己的死亡倍感焦虑，便决意与过去的生活（表面上看很完美）决裂，但他以前也并非毫无建树。鲍里斯·叶利尼科夫曾是一名物理学家（理应可以获得诺贝尔奖），妻子卓绝出众、聪慧过人，儿子在耶鲁上大学，原本像个王子那样生活在美丽的曼哈顿区。然而，这种令人羡慕的生活令他沮丧，于是他跳出窗户结束这种生活（一种冲破人世樊篱的方式），但公寓的窗外安装着类似监狱那样的横栏。幸免于难的鲍里斯·叶利

---

① 拉里·大卫（Larry David，1947—　），美国脱口秀笑星、演员、作家，曾在美国广播公司开办《周五秀场》（*Fridays*，1980—1982）并出演伍迪·艾伦的几部影片。——译者

尼科夫只能跛行，在中央公园教小孩（他称之为"无能僵尸"）下象棋度日，独自生活在格林威治村一栋楼的底层。从今往后，鲍里斯在"自己的篮子"中感觉良好，而且像个自由的青少年，对于这个藏污纳垢且庸俗不堪的愚蠢社会，他敢于言所欲言，这让周围的几个朋友大为不快。正如马克思写道："人类创造了历史，但却不懂他们创造的历史。"鲍里斯向路上碰到的那些无知的人叫嚣，其中的象征不言而喻。

针对第欧尼根，昂弗翁写道："他之所以奋力揭除文明生活中一张张的面具，并对'犬儒'习俗周围的虚伪加以驳斥，那是因为他意欲给人类指明一条通往幸福的康庄大道……当弊病横溢并充斥着现实社会，第欧尼根甘愿成为人类文明的医师[①]。"作为对抗民主的一股劲风，他从影片开头就对民主、政客、学者、现代社会的危害、狂热分子、上帝等予以抨击，鲍里斯什么都不相信，对于人类更是如此。他保持距离审视这个世界，并将其归因于自己的头脑明锐。在挣脱羁绊之后，鲍里斯意识明快，具有深邃的洞察力。然而，这种洞察力既是一种天赋，也是一种诅咒。因为在这个注重颜面与规范的社会，那些为真理呐喊的人往往被视为疯子。在街上与鲍里斯相向而行的一对母子，在看到他自言自语之后，立即决定易道而行。若说他不是在自言自语，那他是在对我们这些观众发话，而他自我标榜具有的"全球视觉"，足以让他逾越银幕的界限看得更远。他的朋友甚至揶揄地建议他，去开办一所"鲍里斯·叶利尼科夫学校"。这所学校果真可以创立的话，那它必定与古代安提西尼的学校极为相似。

"你要知道，已经证明电视会腐蚀人的脑袋。"

[①] Michel Onfray, *Cynismes. Portrait du philosophe en chien*, op. cit., p. 26.

鲍里斯·叶利尼科夫（拉里·大卫饰）（出自影片《怎样都行》）

　　"我的方式就是怎样都行。只要你不伤害别人，不管以什么方式从这个残酷、无情且无意义的黑色混沌中谋得一点快乐都行……"这就是鲍里斯·叶利尼科夫对于人世的看法。如果他周围都是绵羊，他会想到四处是狼群。和犬一样，他会对不认识的人吠叫，正如他从脚底下纸箱堆发现的年轻姑娘："你在这搞什么鬼？上帝！你吓了我一跳。苍天，你这样惊吓我，你想要干什么？"他一边说，一边挥动手臂击退这位被他误认为是职业乞丐的请求。然而，若说鲍里斯心肠坚硬，年轻姑娘的祈求最终还是打动了他。对于这个只有美貌的傻瓜漂亮姑娘，他说纽约并非人们所言的梦幻城市："你会沦为妓女，并与那些满怀期望到这里的亚洲姑娘一样，最终利用花招过活。"鲍里斯如此预言她的未来，但她对此矢口否认，并像抓住救生艇那样抓住他的胳膊反驳说："如果我沦为亚洲妓女，那你的良心要受到谴责。"于是，鲍里斯成了梅洛迪的保护人，而后者则成为了他的第一个学生。作为一个男人，他尽心尽力地启发这个年轻姑娘的心智，而她也将他视为自己的白马王子，正如特蕾西看艾萨克或费伊（Fay）看哈利那样。因为梅洛迪本能地感觉到，鲍里斯"叫得比咬得凶"。

　　　"不管别人对你说什么，爱情既不会战胜一切，而且通常
　　也不会永存。最后，我们年轻时代的浪漫追求会变成'怎样
　　都行'，懂吗？"
　　鲍里斯·叶利尼科夫（拉里·大卫饰）（出自影片《怎样都行》）

　　从小在内地长大并接受基督教义，梅洛迪在感觉家庭氛围过

于沉闷之后离家出走，来到纽约后在鲍里斯的家里找到了落脚之地。由于不了解这座城市，她将在鲍里斯的陪同下加以探索，这于是就成了伍迪·艾伦对纽约旅游风光的再现，正如四年之后他本人的回归一样。这是一种全新且更为宽广的视角，彻底突破了普通视野的局限，直达曼哈顿的端角和自由女神像，而这座雕像也第一次出现在导演的影片之中。片中伍迪·艾伦对俗谚大加玩味，正如坐满游客的观光巴士上，人们戴的运动帽上的图案也以美国国旗为主。因为整部影片都在向我们表明俗谚的意义如何可逆，价值如何可以转换，而每个人物最终也都抛开面具，以便欢乐地享受生活：梅洛迪成为了职业遛狗员并嫁给了鲍里斯，而他则发誓谁也不能打动他；梅洛迪的母亲玛丽埃塔到此寻女，可她本人最终却放弃了自己虔诚的道德习惯与粉色套装，并与两个男人建立了三人家庭。而她的丈夫约翰（John）也来到纽约，并在酒吧向人坦承自己当年曾被大学橄榄球队的近端锋吸引。由此，信教的变成求学的，说教者成了叛道者，天真的不再那么天真，南方人成了北方人。这无疑是两个极点与价值观念的彻底颠倒，甚至就连海森堡的量子理论都变得性感起来。

　　"上帝是个同性恋！"
　　霍华德·卡明斯基（克里斯朵夫·伊凡·韦尔什饰）（出自影片《怎样都行》）

　　在《怎样都行》中，伍迪·艾伦再次将上帝的意志与运气的神秘对立起来，而运气也是唯一令鲍里斯·叶利尼科夫迷惑不解的东西。在以下的独白中，鲍里斯表达了他的诧异："真不可思议！人生的运气因素真让人难以想象。密西西比河岸某处发生的一次偶然事件，就让你来到了人世，而我是几十年前山姆与耶塔结合的产物。经过一连串无穷多的事件，我们在这里相逢。在如此渺茫、幽暗、残暴而冷漠的世界里，两个离家出走的人走到了一起。"这段独白被叙事缺口打断后，在下个场景中，我们随即被带到市政大厅，那里婚礼仪式正在举办。人生的偶然性路径让人琢磨不透，而时间流转更是变幻莫测。

在《怎样都行》中，观众可以找到前述犬儒主义所有的特点，它从欢迎明眼行人的城市开始，通过援用幽默、反讽、挖苦以及简短的格言，以此批判社会向消极抵抗者灌输制度、礼节、神话和空想。总之，拉里·大卫倾其才华（"才华"在片中是个结束语）塑造的鲍里斯·叶利尼科夫利用他那句有名的"怎样都行"采取第欧根尼的立场，有力地驳斥了因循守旧与陈规俗套："砸碎现有的价值体系，以可能的形式提供一片处女地，从而才能建立新的大厦与新的生活①。"正如社会法律体系一样，《怎样都行》毫不留情地砸碎原有价值体系，并让片中人物在最后重新焕发光彩，在收获幸福的同时也事业有成，尽管他们的立场最后有所改变，且与他们牵手的爱人也已替换。

与第欧根尼一样，鲍里斯弃绝的是病态的社会，而非社会的生活。既然他们都参与到这个不论古代还是现代的社会之中，棋师与哲学家和社会融为一体，他们在探讨问题时利用幽默获得最佳效果，以期唤醒我们中的某些人。"捕捉幽默的能力表明个体思维清晰，并熟知日常生活中诸多小灾小难。对演员、观众或听众而言，幽默只适用于特殊情景之下，而且这些情景由吞噬现实残片的悲情和空洞来触发。"鲍里斯深切地感受到人生的悲情色彩，他在认识到自己终有一死的处境后冷汗不止，他从开场白就让我们想到"恐惧"。然而，恐惧每天都出现在电视和报纸

---

① Michel Onfray, *Cynismes. Portrait du philosophe en chien*, op. cit., p. 72.

上，它也"并未妨碍我们吃完早餐的鸡蛋"。保持距离并开怀一笑，这或许就是幸福所在。

"当有把匕首在喉咙里时，你打嗝会发生什么事①?"

当人们都以为导演在下一个十年会去描绘纽约的图景时，他却再次抽身去呈现伦敦、巴黎和罗马的风情，并从 2010 年起拍摄了三部以欧洲为体裁的影片。这是一个全新的出发点，他始终和宋宜一道前行。同时，这也是艺术家对于人生为何值得活下去更为深入的反思。三部电影，四个假设：虚构、工作、文学与爱情。

回归包法利主义

正如《独家新闻》那样，如果许多观众将《遭遇陌生人》视为一部二流影片，那么片中伦敦石铺路面之下则隐藏着包法利主义的倾向。《怎样都行》颂扬的是才华（具备全球视野），而在该片中伍迪·艾伦呈现的则是邪祟，正是它们让我们误入歧途。作为一部悲情电影，《遭遇陌生人》讲述了一个家庭中每位成员都在幻想与幻灭之间挣扎的故事。一对四十几岁的夫妇不再相爱，倍感挫折与迷失，另一对共同生活多年的古稀老人，在经历佳乐定②、香烟、水晶球和一个试图欺骗老头的骚货之后，也最终以离婚收场，这正是《遭遇陌生人》的主要内容，基本介于《内心深

---

① Michel Onfray, *Cynismes. Portrait du philosophe en chien*, op. cit., p. 89 - 90.
② 佳乐定（Xanax），又名三唑安定，属类催眠镇静药和抗焦虑药，用于缓解焦虑、紧张、激动。——译者

处》、《爱丽丝》和《汉娜姐妹》之间。

伍迪·艾伦对迷信和预言全然不信，对此他已在影片《俄狄浦斯的烦恼》中加以嘲讽。在该片中，他将理性主义与经验主义相互对立起来。其实，影片中所有人物都生活在压抑之中：萨利（Sally，娜奥米·沃茨①饰）在家庭与职业生活中都不如意，而且还要面对父母的突然离异；她的丈夫罗伊（Roy）是个缺乏灵感的作家，在艺术创作上受挫后变得脾气乖戾，以观看对面身穿红裙的邻居阿佛洛狄忒而乐在其中。那些住在同一个屋檐下的人物虽然相交但不相知，更不会看对方一眼；那些互诉衷肠的人物，却从未逾越掩盖他们的神经质、私人问题和狂热抱负的表象。一切就像一场闹剧，似乎表象已经占据了主要情感，似乎这些人物对明证视而不见。《遭遇陌生人》与伍迪·艾伦其他（甚至是那些最愤世嫉俗的）影片截然不同，本片呈现的某些东西既不雅观，又让人反胃。

这些空洞的人物吸入足够的空气，他们搅动风向并迷失在气流的波动之中，这就是我们所理解的这部影片的实质。继鲍里斯·叶利尼科夫那个性张扬的明锐之后，伍迪·艾伦讲述了这个家庭自我蒙蔽双眼的情况，其中的成员有的神志错乱，有的徒抱幻想，有的盲从偶像与迷信，并沉浸于个人幻觉，他们宁愿像俄狄浦斯那样选择挖掉自己双眼，也不直面残酷的现实。一切都是一个象征。影片最后的片段说明，这次包法利主义占据了上风：萨利的母亲海伦娜（Helena）始终没有走出与丈夫离异的阴影，于是尝试从算命者的预言中获得安慰，最终却坐在长凳上与自己的幻觉交谈，从而彻底弃绝了个人的现实感知。正如《解构哈利》

---

① 娜奥米·沃茨（Naomi Watts，1968— ），澳大利亚演员，曾出演《午夜凶铃》（*The Ring*，2002）、《面纱》（*The Painted Veil*，2006）等片。——译者

一样，影片这种可悲的结局让我们窥见了背后的疯狂，而真相则是抑郁症没有得到应有的治理引发的后果。

就这个故事而言，伍迪·艾伦无疑以犬儒主义的眼光去看待它。他不仅与银幕上这个病态的微型世界拉开距离，而且在采用近景镜头时会刻意阻挡视线，让人总感觉有什么东西蹉跎不前，而他拍片中那种惯有的亲切感于是化为乌有。与《仲夏夜绮梦》不同的是，影片《遭遇陌生人》中的幽灵毫无善意。在《开罗紫玫瑰》中，塞西莉亚拒绝迷失在虚幻世界里，而该片中的海伦娜却毫不抵抗，最终像欧里狄克（Eurydice）那样被浪花卷走，转变为鲍里斯·叶利尼科夫所言的"无能僵尸"。《遭遇陌生人》成本预算为二千二百万美元，最终卖出约三千万美元的票房，这与随后伍迪·艾伦创纪录的影片《午夜巴黎》相比甚为惨淡，因为后者至今仍是他在商业上最成功的影片。业绩数字如何？该片斩获了近一亿五千万美元的票房。

继伦敦之后罗马之前，我们来到巴黎。2011年，拍过《曼哈顿》的导演将摄像机对准法国首都的大街小巷，再现了一对不太般配的夫妇在这座浪漫的不夜城度假数日的故事。影片的开场白瞬间将时光闪回至1929年，让观众去感受伍迪·艾伦从巴黎这个城市挑选的风景，从毕加勒广场至亚历山大三世桥，再经旺多姆广场、巴黎圣母院、蒙马特及罗丹博物馆，最终到圣路易岛，这是一个美国知识分子眼中的巴黎。若说在《遭遇陌生人》中，片末的场景让观众寒心的话，那么在《午夜巴黎》中，借用片中主人公吉尔·彭德的话，它让人"心潮澎湃"。正如艾萨克（伍迪·艾伦饰）和罗伊（乔什·布洛林①饰），该片同样涉及一位才思受

---

① 乔什·布洛林（Josh Brolin，1968— ），美国演员，曾出演《老无所依》（*No Country for Old Men*，2007）、《美国黑帮》（*American Gangster*，2007）等片。——译者

阻的作家，个人的艺术追求得不到妻子及其家人的支持，而且他与这些人也没什么共同之处：他是共产党员，对方是共和党人士；他穿粗呢上衣，别人穿纯棉或亚麻服装；他喜欢詹姆斯·乔伊斯[①]和科尔·波特的作品，他们则喜欢拉尔夫·劳伦[②]和萧邦[③]的品牌。显然，他患了"黄金年代综合征[④]"。在他和岳父母一家下榻的布里斯托酒店（伍迪·艾伦熟悉的地方）大厅，他在这些小资产阶级和他们提的路易威登名包中间显得极不协调，一位艺术家坐在一群新贵和伪知识分子中间。

在这个人物进出画面时，伍迪·艾伦考虑到吉尔（Jill）与世人格格不入，于是当他在人群出现时，他从来不占据画面的中央。在被自己的未婚妻公开羞辱并被她的一位自我卖弄学问的朋友挑衅后，主人公更多是隐忍而非采取行动。正是在独自漫步中，他得以找到慰藉。一天晚上，吉尔没有去热舞，而是决定漫步巴黎。在纵横交错的街道中迷路后，他坐在白色台阶上，这时午夜的钟声敲响。一辆汽车停在吉尔面前，乘客们邀他上车。这些身穿旧式晚礼服的乘客将他带至一个烟雾弥漫的地下室，那里聚集了他所有的偶像：菲茨杰拉德夫妇、科尔·波特、约瑟芬·贝克、海明威、毕加索、布努埃尔、达利[⑤]、艾略特。在迈上未来之旅（《傻瓜大闹科学城》）后，在温柔地拥抱虚拟与现实（《开罗紫玫瑰》）

---

① 詹姆斯·乔伊斯（James Joyce，1882—1941），爱尔兰作家，意识流文坛的代表，著有《都柏林人》（*Dubliners*，1914）、《尤利西斯》（*Ulysses*，1922）、《芬尼根的守灵夜》（*Finnegans Wake*，1939）等。——译者
② 拉尔夫·劳伦（Ralph Lauren），美国高级时装品牌，于1968年创立。——译者
③ 萧邦（Chopard），瑞士高级腕表和珠宝品牌，由路易·萧邦于1860年创立。——译者
④ 法语原文为"Syndrome de l'âge d'or"，由《午夜巴黎》中的人物保罗定名。
⑤ 达利（Salvador Dali，1904—1989），西班牙超现实主义画家，与毕加索、马蒂斯被认为是20世纪最杰出的三位画家。——译者

后，在实现阴阳两界交汇（《独家新闻》）后，伍迪·艾伦在本片中又将现在与过去以及文学、绘画、建筑与音乐融于一体。

作为一部超现实主义浪漫剧，《午夜巴黎》探讨的病症（作家的抑郁症）也同样的超现实主义。本片讲述了一位作家在幻觉与梦幻（思维混乱的梦境）双重袭击之下，最终如何超脱世界的表象并比往日更富朝气地生活。因为与哈利和海伦娜截然不同，吉尔最后告别了自己的幻觉。这些奇异的幻觉让他完成了个人第一本小说的创作，并让他感觉自己游离在时间之外，同时又让他与自己所处的时代妥协，不管这听起来如何超现实主义。这是包法利主义再次在银幕上受到质疑，视角转变为此提供了更为柔和的角度。因为吉尔与现实的妥协为他送去一缕氧气，天空下着雨，桥上站着一位漂亮姑娘张开双臂去迎接他。这是雨幕之下的复活，也正是艾伦喜欢的元素，因为他从中可以发现某种奇迹："对我来说，在电影里只有下雨的时候才显得浪漫。下雨的氛围非常重要①。"这样的空气有助于产生雷电。

伍迪·艾伦离开巴黎赶赴罗马，又继续拍摄了一部经典的爱情片。意大利首都此前曾邀请导演到此逗留几个月来拍摄那里的街区，这个项目他中意已久，因为他对费里尼和新现实主义仰慕已久，只是之前没有机会拍摄而已。"我的电影在罗马的发行商（美杜莎影业）不断对我说：'来罗马拍一部电影吧！'最终，他们对这句话的态度十分诚恳。于是，我便着手针对罗马写起剧本②，"伍迪·艾伦解释说。毫无疑问，在罗马度假的时光给了他拍一部悠闲影片的灵感。《爱在罗马》是一部由多个短片构成的电影，完全是向二十世纪六七十年代意大利风俗电影致敬，其中"四个故

① Stig Björkman, Woody Allen, *Entretiens avec Stig Björkman*, op. cit., p. 177.
② Woody Allen 接受 Jacky Coyle 为《赫芬顿邮报》（*Huffington Post*）做采访。

事以快急板节奏平行发展"，正如雅克·曼德尔鲍姆[①]于 2012 年 9 月在《世界报》上评论时写道。正如《遭遇陌生人》一样，这部影片表现了艾伦对怀旧极具诱惑又充满陷阱的反思。不幸的是，这里的陷阱落到了导演本人身上，如果说有些场景还算有价值，那它们的反复出现就显得有点冗余，且对于一部情节互不相交的电影更是如此。影片糅合了忠贞、诺言、工作、名望、配偶的家庭等主题，于是很难超越公共地点以及这位纽约人梦想成为欧洲人的幻想。

伍迪·艾伦在片中饰演了一个小角色，在自我娱乐的同时也很享受。一部搞笑的说教片收效不错，因为从技术上来说，《爱在罗马》具备了诸多条件：一块边缘圆滑而非直角的拼图，西班牙广场勾勒的圆圈从整体上赋予这部世俗喜剧循环结构。片中的隐喻很美，里面的女人也很美，画面卓绝出众，但整体效果却很拙劣。在这慵懒的背后，难道伍迪·艾伦不想表达点更为深沉的东西吗？这是在为使人变得懒散的娱乐辩护吗？还是他偏执于此而扼制了自己的创造力？不过，从影片《爱在罗马》推出后，该片始终没能受到人们欢迎《午夜巴黎》那样的热情与欣快，尽管该片由几代名角联袂出演，阵容可谓颇具吸引力：朱迪·戴维斯（曾出演《爱丽丝》、《丈夫与妻子》、《名人百态》）、佩内洛普·克鲁兹[②]（《午夜巴塞罗那》）以及阿列克·鲍德温[③]、艾伦·佩姬[④]、杰

---

① 雅克·曼德尔鲍姆（Jaques Mandelbaum），法国记者、作家，著有《电影大师》（*Masters of Cinema*，2007）、《一部电影的解剖》（*Anatomie d'un film*，2009）等书。——译者

② 佩内洛普·克鲁兹（Penelope Cruz，1974—　），西班牙演员，曾出演《共夫共妻》（*Jamon，jamon*，1992）、《午夜巴塞罗那》（2008）等片。——译者

③ 阿列克·鲍德温（Alec Baldwin，1958—　），美国演员，曾出演《抱得美人归》（*The Marrying Man*，1991）、《珍珠港》（*Pearl Harbor*，2001）、《爱在罗马》（*To Rome with Love*，2012）等片。——译者

④ 艾伦·佩姬（Ellen Page，1987—　），加拿大演员，曾出演《朱诺》（*Juno*，2007）、《盗梦空间》（*Inception*，2010）等片。——译者

西·艾森伯格①等新人参加。若说演员（尤其是鲍德温）因为出演伍迪的影片而面带喜色，那么他的表演却极为普通，介于漫不经心和歇斯底里之间。尽管伍迪·艾伦的影片倾向于困扰甚至萦绕我们的内心，然而《爱在罗马》却非常轻松、欢快，这让人不禁想到，自谋幸福也没什么坏处。

当代危机

在告别《遭遇陌生人》中坐在长凳上迷惘的海伦娜之后，在2013年推出的《蓝色茉莉》中，我们又看到了两眼无神的茉莉（Jasmine）。在游历伦敦、巴黎、罗马与奥维耶（此地还在城市主广场为伍迪·艾伦竖立了一座铜像）之后，导演最终将在加利福尼亚为我们讲述茉莉与奸商丈夫的这幕悲剧。在艾伦看来，加利福尼亚是个只有甜言蜜语的地方。艾维·辛格不是曾说在加利福尼亚，"人们不乱丢垃圾，而是将它们放入电视节目之中"或"我不想生活在这样一个城市，其中唯一的文化优势是你可以在红灯时开车右转弯"。加利福尼亚让艾伦萌生去探讨极度富裕与超级肤浅的想法，在那里一切都带有金钱的铜臭味。伍迪·艾伦在《蓝色茉莉》中所要表现的，正是人物的拜金主义与贪婪成性。一对生活在纽约的富豪夫妇，刹那之间跌落云端。上流社会的茉莉天真而任性，嫁给一位令人敬畏的商人。此人尽管行事谨慎，但还是因为挪用资金被捕。诉讼、媒体曝光和牢狱之灾相继袭来。这

---

① 杰西·艾森伯格（Jesse Eisenberg, 1983—　），美国演员，曾出演《社交网络》（*The Social Network*, 2010）、《惊天魔盗团》（*Now You See Me*, 2013）等片。——译者

里，人们自然会想到麦道夫①，这位吸人鲜血的恶魔曾让很多人生不如死。从本意和喻义上来说，茉莉是彻底被毁了。

> "我最近总做噩梦，而且神经衰弱。在跑到大街上大吼大叫之前，一个人可以承受的创伤也只能这么多。"
>
> 茉莉（凯特·布兰切特②饰）（出自影片《蓝色茉莉》）

故事的叙述采用了解构的原则。其实，伍迪·艾伦在《蓝色茉莉》中打乱时间顺序，模糊过去与现在的界限，以突显女主人公在遭受这些变故后出现的人格分裂。在她飞往旧金山去拜访妹妹的飞机上，茉莉向他人倾诉心声，回忆着纽约的幸福时光，宛如她与哈尔（Hal，阿列克·鲍德温饰）新婚之夜播放的乐曲。然而，她脸面上已经浮现出不安的迹象：嘴唇抽搐、双眼无神、药物依赖、脾气乖戾。茉莉病了，而且病得不轻。妹妹由于曾让哈尔托管钱财而蒙受损失，于是处境尤其尴尬：她在怜爱姐姐帮她的同时，也对她心存嫉妒。热衷社交生活的茉莉可憎而自恋，在无人庇护的情况下可谓生活艰难。她既想成为室内设计师，也想尽快嫁个有钱人，以便迈过这道坎，对她来说这算是人生旅途上的意外。然而，人生并非像她身上穿的香奈儿套装如此红艳，现实对她的打击比神经症来得还快。在鲜亮的热情色之后，抑郁的金属色随之而来。

---

① 麦道夫（Bernard Madoff，1938— ），美国前纳斯达克证券交易所主席，美国历史上最大的诈骗案制造者，操作的"庞氏骗局"诈骗金额超过六百亿美元，他也因此于 2009 年被判一百五十年监禁。——译者
② 凯特·布兰切特（Cate Blanchett，1969— ），澳大利亚女演员，曾出演《伊丽莎白》（*Elizabeth*，1998）、《魔戒》（*The Lord of the Rings*，2009）、《灰姑娘》（*Cinderalla*，2015）等片。——译者

伍迪·艾伦在影片中所要精确呈现的，正是火山爆发、天崩地裂的那一刻。茉莉和现实的割裂是确定无疑的，片末她坐在长凳上的片段表明，出现在我们面前的是茉莉被"切除脑叶"后的形象，正如《午夜巴黎》中泽尔达·菲茨杰拉德（Zelda Fitzgerald）所说的那样。《蓝色茉莉》向我们全力呈现的，正是希望的破灭，伍迪·艾伦以其绝妙的方式，将茉莉的衰败展现在银幕之上。在米娅·法罗和朱迪·戴维斯之间，凯特·布兰切特很好地诠释了这部悲剧中由烟花大师定格的色彩。走出《午夜巴黎》的抒情风格，导演此处谈论的是危机的语言，我们惊叹于他在银幕上表现的清晰程度，正如田纳西·威廉姆斯剧中的布兰奇·杜波依斯或约翰·卡萨维兹①剧中的梅布尔（Mabel），片中女主人公神志已经疯癫。尽管以辛辣著名的纽约笑星路易斯·CK 也出演该片，但《蓝色茉莉》丝毫没有幽默成分，于是希望的破灭与搞笑讽刺的消失在片中并存，这无疑是差异极大的两件法宝。黑色获得了胜利。治愈已毫无希望。故事中唯一值得观众遐想的内容，在于茉莉是否会被关入精神病医院接受治疗。茉莉既没能摆脱绝境，也不愿接受改变，这也正是她心理病态僵化的明证。

"《蓝月亮》，我以前记得歌词。我记得歌词，现在却混淆不清了。"

茉莉（凯特·布兰切特饰）（出自影片《蓝色茉莉》）

2014 年，《蓝色茉莉》为凯特·布兰切特赢得了奥斯卡最佳女

---

① 约翰·卡萨维兹（John Cassavetes，1929—　），美国导演，曾执导《十二金刚》（*The Dirty Dozen*，1967）、《暴风雨》（*Tempest*，1982）、《爱的激流》（*Love Streams*，1984）等片。——译者

演员。就全球票房而言，该片斩获了近一亿美元的收入。媒体称赞伍迪·艾伦才华再现，一时好评如潮。这些荣誉刺激着米娅·法罗，街头小报和社交网络对此相关的报道更是层出不穷。有关伍迪·艾伦性侵自己养女迪伦·法罗的指控由此再次浮出水面，而法庭早在 1993 审理此案时已剥夺了伍迪·艾伦的监护权。在同年的金球奖颁奖典礼期间，艾伦的儿子西默斯（更名罗南）作为推特杀手在网络上制造出一片哗然。他如此写道："我错过了向伍迪·艾伦致敬的机会，但他们提过一个女人公开指认在她七岁的时候，他曾在拍摄《安妮·霍尔》前后猥亵过她吗?"

此外，在《曼哈顿》中，当艾萨克·大卫的前妻准备出书披露他们的私人生活时，耶尔（Yale）曾安慰他说："你知道这都是流言。流言是新型黄色录像。"由于许多人在 1992 年从来就没有原谅过伍迪·艾伦，所以在 2014 年 2 月 7 日《纽约时报》上发表的一封公开信中，他便行使个人权利对此加以回击。信中他再次否认指控事实，并坦言米娅·法罗不仅撒谎，而且暗中操控自己的孩子，把他们当棋子使用，在看到他与宋宜结婚后，她始终没有从中振作起来。暴风雨过后，导演再次打好包袱，奔赴法国南部拍摄另一部爱情喜剧，时代背景置是二十世纪二十年代。在虚无主义与混沌（《非理之人》）之前，这是最后一部探讨魔术的影片。

2014 年 2 月 2 日，伍迪·艾伦的代理律师发文道，"在经过独立机构检查并驳回后，一个由伴侣精心策划以图谋报复的故事在二十年之后能再次浮现于世，这的确可悲至极。"

圈套中的圈套

"我没法写作因为我没法呼吸。"

亚伯·卢卡斯（杰昆·菲尼克斯饰）（出自影片《非理之人》）

对于伍迪·艾伦，评论者们变得愈发冷酷，他们细查影片漏洞、窥视其中的缺点，并大量使用"二流"、"懒散"、"衰退"等词来对其加以形容，意欲在大师尸骨未寒之前将他活埋并以此取乐。然而，正是从这部甘苦参半的影片《魔力月光》中，人们再次看到了艾伦的艺术巅峰时刻。正如《独家新闻》那样，《魔力月光》也将一位魔术师搬上银幕。这位魔术师并非他人，而是那个时代最有天分的魏连苏（Wei Ling Soo），真名斯坦利（Stanley，科林·费尔斯饰）。终其一生，他竭尽全力地阐述魔术与占卜的区别，宣称前者是一门科学，后者纯粹是欺骗。魔术师依靠戏法、才干与艺术自我开脱，而那些声称可以预知未来并与死者通灵的人纯属骗子。一位友人向斯坦利谈到一名青年女子，她不仅靠占卜在法国南部立足，而且在预言上还颇具天分。魔术师二话不说，立即赶赴当地，并在一户富豪人家的花园里与这位女骗子相遇。不过，她魅力难挡。

"当情感支配头脑的时候，灾难会随之而来。"
斯坦利·克劳福德（科林·费尔斯饰）（出自影片《魔力月光》）

然而，斯坦利是个头脑冷静的人，年轻姑娘索菲·贝克（Sophie，艾玛·斯通①饰）的美貌也并未让他掉以轻心。这也正是伍迪·艾伦乐于在银幕上表现的冲突：理智 vs. 幻想、经验 vs. 理论、犬儒主义 vs. 柏拉图主义。对于理性之人，还有什么更糟糕

---

① 艾玛·斯通（Emma Stone，1988—　），美国演员，曾出演《摇滚之王》（*The Rocker*，2008）、《非理之人》（*Irrational Man*，2015）等片。——译者

吗？疑惑显然不是答案。然而，正是疑惑占据了斯坦利的内心，年轻的索菲以个人才华一次又一次地让他惊叹不已，而他只是始终没看到对方使用的花招而已。她是谁？她如何办到？我们真的能够进入未知世界吗？来自天堂的声音可以听到，还是只能录在宙斯的音乐盒里？众多诸如此类的问题不断削弱着魔术师的信念。在《魔力月光》中，我们也再次领略伍迪·艾伦电影的搞笑倾向，这其中掺杂着荒诞、浪漫、戏谑和诱惑。人们不禁想到《好莱坞结局》中故事线条有组织地解散，以及肉眼局限性的隐喻，这好比一颗在银河中追求自己道路的明星，必须要用望远镜才能看见其轮廓。由于被自己的宿命论蒙蔽，斯坦利已经忘记了基本的要点：提高戒备。在影片结尾时，骗术还是被他识破：他成了被水浇湿的浇花人。正如伍迪·艾伦影片中的众多人物，斯坦利成为自己好友花招的牺牲品，因为此人从这出戏里觅得向这位自负的魔术师报复的机会。若说斯坦利输了这场较量，但却并未输掉这次争斗，因为故事最终以香吻结束，而爱情也降临到了他的身上——鲍里斯·叶利尼科夫则落到了爱情上（他坠楼后落到一个女人身上并娶了她为妻）。在伍迪·艾伦的影片中，一切始终都有赖于坠落……

> "我对困扰自己的惨淡现实比较感兴趣。它们困扰艺术家和思想家的程度远比我深重，但对此我通过自己的视角来予以处理。"
>
> 伍迪·艾伦于《非理之人》新闻发布会

《魔力月光》所依赖的赌注，正是时间上的提前或滞后。影片探讨了视觉的力量及其能力的范围、孔径、概率、间隙性能，那片星空无疑让人渴望遨游，而犬儒主义者们也都是"月夜下的常客①"。评论者们态度有所缓和，不过也并非真正被导演的这次迸发折服，因为大部分人认为该片很平庸。不过，这部电影在全球卖出了三千二百多万美元的票房。伍迪·艾伦对数字和估算毫不在意，制片人们则截然不同，他们往往抱怨业绩在下滑。

"由于他们都是有文化的人，对银河系了如指掌，他们知道猎犬座的构成。在这个星座中，一颗最亮的星星在 7 月 27 日出现，这也预告了三伏天的到来：骄阳似火，大地干涸。据老普林尼②（Pline L'Ancien）的著作《自然史》记载，'在这个时节，犬因为酷热而狂躁'，它们会胡乱咬人，并让他们遭受可怕的恐水症③。"米歇尔·翁弗雷所说的那些因骄阳而狂躁的狗，我们从影片《非理之人》中亚伯·卢卡斯（杰昆·菲尼克斯④饰）的身上也可以看到。此人是有名的哲学教授，由于厌烦了人生的意义，所以今后也只能从威士忌中去寻找。在受聘于纽波特（Newport）的一所大学后，除应对自己的学生外，他在这个夏天还冒了不少冷汗。所有的女性人物都梦想着如何勾引他。不过，首先向他出击的却是班上的一位女生吉尔，她折服于这位饱经风霜男人的魅力，因为他的乖僻与风度可谓名不虚传。

> "他非常激进，也很有见解。你要么喜欢他，要么恨他。"
> 吉尔（艾玛·斯通饰）（出自影片《非理之人》）

---

① Michel Onfray, *Cynismes. Portrait du philosophe en chien*, op. cit., p. 30.

② 老普林尼（Gaius Plinius Secundus, 23—79），古罗马哲学家、历史学家，以其所著《自然史》（77）著称于世。——译者

③ Michel Onfray, *Cynismes. Portrait du philosophe en chien*, op. cit., p. 30.

④ 杰昆·菲尼克斯（Joaquin Phoenix, 1974— ），美国演员、制片人、编剧、歌手，曾出演《角斗士》（*Gladiator*, 2000）、《与歌同行》（*Walk the Line*, 2005）等片。——译者

吉尔（艾玛·斯通饰）业余时间都和亚伯（Abe）一起度过，她甚至疏远了自己的男友罗伊（Roy）。她逐步认识这位随口大量引用尼采、康德和海森堡的"野兽"并对他敬畏有加，而男主角也正是试图从这些引述中获得慰藉。因为亚伯性情忧郁，他的那些悲观看法也愈发尖刻。在课堂上阐释的哲学理论，似乎让他有点难以琢磨，一切有意义的东西都变得非理性化。当逻辑不再化为虚无，当生活不再有热情……伍迪·艾伦采取了一种切实但少见的做法，为观众呈现的片头字幕没有编配音乐（人名在黑色背景上伴随着汽车发动机轰隆隆的响声出现）。

> "我的头脑很不清醒，一片混乱。"
>
> 吉尔（艾玛·斯通饰）（出自影片《非理之人》）

《快乐的知识》谈论"上帝死了[①]"、偶像崇拜的衰落、永久轮回的神话、不确定理论、存在与时间，这些哲学观念对亚伯而言已经不再具有明确的内容。他需要搭乘一辆车聊以慰藉，于是他选择搭上"乐于助人号"班车。在从他人的谈话中听到只言片语后，一个想法闪过他的脑海，说话人的难题瞬间就彻底得到了解决。在听到这个女人的抱怨后，他决意帮助她。于是，他扮演起代人复仇的角色，并杀掉给她造成痛苦的那位法官。作为唯一知道这次密谋的人，亚伯不仅打算泰然处之，而且也对自己身上萌动的作案才华极为满意。正如《罪与错》、《赛点》和《卡珊德拉之梦》，犯罪主题再次在该片中上演。在《非理之人》中，理性的声音不是发自人物内心，而是以人格化的形式源于外界。作为理性声音的代言人，片中人物吉尔对亚伯的轻率行为以及那些在他

---

① 此名句引自尼采个人著作《快乐的知识》（*Le Gai Savoir*）。

看来无私的辩解甚为反感，但他不仅让她不要报警，还劝她应该透过事情表象去看问题。正如昂弗翁所言的看门犬，亚伯已经对咬伤与咬死以及人道、文明与残暴不加区分。我们不禁想起扎里格曾说："似乎……我不知道。似乎应该这么做。"

> "我不认为自己写的或拍的东西在哲学上有任何原创性，这只是我阅读哲学作品的结果。"
>
> 伍迪·艾伦于《非理之人》新闻发布会

由于不再相信言语层面的美德，亚伯于是偏爱从言语至行为的过渡，并将反驳视为无能的表现。由此，人物便邪恶地借助谋杀来让自我免于死亡（他曾想到过自杀）。伍迪·艾伦表明，这种逻辑的每个发声、回响与反应都极为荒谬。《非理之人》似乎阐发了这样的观点，即犬儒主义运用不当将酿成灾难。导演对此解释说："亚伯最终信奉的是非理性做法，这是他多年的怨气、受挫以及对世态人情曲解的结果。"其实，男主角的言论已经站不住脚。亚伯借助爬行动物的本能立论，并依据动物的原初反应来替自己行为的合法性加以辩解。为掩盖自己的无能而自我感觉强大，那些最为险恶的企图与野心不都是如此诞生吗？如果说在《非理之人》中男人失足的话，那么女人却经受住了考验，并决意让真相大白于天下。巧合与否，吉尔在自己的单肩包中总放着一把手电筒，这是她与亚伯一天晚上逛集市时玩游戏赢得的奖品。她理应选择毛绒玩具或其他的玩意，但她却选择了一把手电筒。在意识到它的象征意义后，亚伯还曾对她说："不错的选择。"亦如《罪与错》和《赛点》那样，偶然性在这个故事中也起到了关键作用，因为事态的转变纯属偶发事件（正如人生机遇）。于是，好运（光明）站在了她这边，吉尔最终在这则黑色寓言中占了上风。影片以一片荒芜的海滩收场，场景比《无线电时代》片头那汹涌的海浪要平静很多。

"如果人们承认生活中可怕的真相，并在面对真相时选择做个正直的人，而非欺骗自己说是因为天国有报答或者惩罚，在我看来这要更为高尚①。"

* * *

"如果我现在去看自己的任何一部电影，我会看到自己本该如何拍摄，我拍得如何差劲，什么地方搞砸了，影片如何比我记忆中更糟糕。你永远也不会说：'啊，上帝！这太好了。'很多年以前，我在欧洲拍摄《风流绅士》，当时我正在法国摄影棚餐厅吃午饭。理查德·伯顿②和伊丽莎白·泰勒③也在那里拍电影，我想应该是《春风无限恨》。我与伯顿闲谈了一会，我当时也不太了解他。他说：'在拍完之后，我从来不看自己的电影。'他是一位优秀的演员，但当时我却想这真的很奇怪。我当时只是个剧作家，在拍自己的第一部电影，我什么也不知道。但从我自己执导电影以后，我就彻底明白

---

① Eric Lax, *Entretiens avec Woody Allen*, op. cit. , p. 150.

② 理查德·伯顿（Richard Burton, 1925—1984），英国威尔士演员，曾出演《埃及艳后》（*Cleopatra*, 1963）、《春风无限恨》（*The Sandpiper*, 1965）等片。——译者

③ 伊丽莎白·泰勒（Elizabethe Taylor, 1932—2011），美国演员，曾出演《战国佳人》（*Raintree County*, 1957）、《热铁皮屋顶上的猫》（*Cat on a Hot Tin Roof*, 1958）、《夏日惊魂》（*Suddenly, Last Summer*, 1959）等片。——译者

了他的意思①。"

2000 年至 2010 年是富足的十年。从地下曲风、现代悲剧、世俗喜剧到失德寓言，伍迪·艾伦驯服了不同时代的各种艺术风格、表现手法与影片类型。时至今日，他依然为我们开启时间和认知的诸多大门，并给我们提供关键的钥匙。这些钥匙抛出后划出的弧线，相交与否则依据导演的心情来定，这些钥匙与刺激第欧根尼顶撞亚历山大或柏拉图的钥匙使用了相同的材质。

"我能按自己的想法拍电影②。"

借给第欧尼根一盏灯，正是这盏灯使他得以寻找"人"，并向柏拉图表明他也未必总是占理。这个物件是艾伦影片中众多人物试图获取的对象，他们有时揩拭这盏灯，以便看看里面会放出什么精灵鬼怪。作为明晰的象征，那些最为清醒的头脑显然手持灯盏，并对现代非人社会中的人类和人性进行深入反思。然而，倘若落入恶人之手，这盏灯也会变成作恶工具，奸诈之人借助阴招会将其滥用于世（《罪与错》、《赛点》、《非理之人》）。伍迪·艾伦塑造的那些人物所处的困境，正是在扰乱事态的真相与平息事态的真相之间进行抉择。犬儒主义者、包法利主义者、理想主义者、乐观主义者、悲观主义者、虚无主义者以及弗洛伊德主义者，所有人都被邀至这场豪华舞会上，在现实与虚构之间划着舞步，不过伍迪·艾伦并不希望其中的步伐始终流畅如一。正是在搭手与

① Woody Allen 接受 Mike Flemming Jr. 采访，于 2015 年 5 月 14 日在线发表在《期限》（*Deadline*）上。
② Jean-Michel Frodon, *Conversation avec Woody Allen*, op. cit., p. 49.

松手之间，要么擦出最高尚的火花，比如激情或魅力，要么擦出最恶毒的火花，比如怒火与暴行。世界和人类源于这两类火焰，于是伍迪·艾伦塑造的人物内心始终都有一团随时可以燃烧的烈焰。

　　"汉娜·阿伦特①谈论过平庸的恶。世界是平庸的，因为它平庸，所以它才恶。倒不是说世界邪恶，它的恶在于它的平庸，而冷漠就是恶的体现。"

---

① 汉娜·阿伦特（Hannah Arendt，1906—1975），德裔美国哲学家、思想家，著有《极权主义的起源》（*The Origins of Totalitarianism*，1958）、《人类的境况》（*The Human Condition*，1958）、《在过去和未来之间》（*Between Past and Future*，1961）等书。——译者

后　记

　　"我们以为掌握了所有的知识，但我们除了自己所知以外什么也不知道。举个简单的例子，我们对肥皂知道的也并不多①。"

伍迪·艾伦

　　第二次世界大战的余波、美国经济文化的繁荣、性解放运动、和平主义运动、唐纳德·里根竞选总统、海湾战争、计算机千年虫以及二十四小时运转的社会，作为这一切的见证人，伍迪·艾伦尝尽了世间所有的欢乐与痛苦。回顾过去人们会发现，在地球上生活八十余年的他，居然用五十多年来完善他的艺术并调整他的视角。本书作者将他的作品视为一幅连续创作至今的巨型油画，上面投射出他的欲望和恐惧，其中蕴含的创造力和勇气更是令人叹为观止。每一部电影都是一颗闪着独特光芒的星星，如果将它们视为整体来看，这些作品就构成了当代电影世界中最为丰富的

---

① Woody Allen, *Pour en finir une bonne fois pour toutes avec la culture*, op. cit.

一条银河，它名为艾伦银河。这些闪亮的星星使他免于彻底的黑暗，虽然黑暗已覆盖萨尔瓦多·达利或塞尔日·甘斯布①房屋的墙壁。因为对于喜欢下雨的伍迪·艾伦而言，光线显得尤其重要。

> "但不可能在这台显微镜下面，有些东西你会永远也看不到？"
>
> 麦克斯·克莱因曼（伍迪·艾伦饰）（出自影片《影与雾》）

他的爱好与厌恶相互难以分离，由此成为滋养他虚构作品中滑稽、喜剧、幻想或悲剧能量的来源。对于变幻莫测的世界，伍迪·艾伦并非只进行尖刻、被动的简单分析与思考，而是以反叛者明锐的眼光采取行动。自 1972 年起，他每年推出一部长片，在从中实现个人抱负的同时，也找到了在全球绽放才华的场所。摄像、游戏、场景，这些都是他用来寻求个人解放的手段，然而这也向他提出了核心的问题：在知识和文明消失后，人性之中还剩下什么？这种疑问显然极具现实性，不过当权者却冷漠地拿手段和目的敷衍了事。于是，这要求人们既不能在思想上固步自封，也不能像个魔法师那样不断让人失望。他的作品体系连贯，其中的世界观只有一个目的，那就是找到人存活的理由：

> "人生只悬于一条线。"
>
> 乔·斯特伦伯（伊恩·麦柯肖恩②饰）（出自影片《独家新闻》）

---

① 塞尔日·甘斯布（Serge Gainsbourg，1928—1991），法国歌手、作曲家，世界流行音乐史上的重要人物，曾为很多影片创作过歌曲。——译者
② 伊恩·麦柯肖恩（Ian McShane，1942— ），英国演员，曾出演《黄金罗盘》（*The Golden Compass*，2007）、《加勒比海盗 4》（*Pirates of the Caribbean：On Stranger Tides*，2010）等片。——译者

伍迪·艾伦的每部影片都自豪（但并不张扬）地传递出这样一条信息：对现代社会中存在的愚昧无知、盲目信仰和偶像崇拜加以抵制。对于世界的普遍性，导演用特殊性来加以回答；对于通行的强制命令，他用回转来加以规避；对于社会规范和习俗，他则采取迂回策略。在他的电影中，导演正是利用自我意识并采取那种放肆的民众思维，力求刺激观众并将他们唤醒。对此，彼得·斯劳特戴克写道："作为辩证唯物主义者，犬儒们之所以在公共场合挑衅，是因为这是理想主义过度的傲慢可以被合理地瓦解的唯一场所[1]。"当艾伦式主人公对街上的行人慷慨陈词，或者自言自语让路人诧异万分时，他们已经开始了挑衅（这不仅构成了他们的性格特征，也构成了导演的性格特征）。要想知道人和社会由何种木材构成，有时就需要使劲砍到木髓里面。伍迪·艾伦的所有作品都具有这种探求精神。通过更加积极而不仅限于沉思的影视手段，导演将现实问题移至银幕上——在他的电影与个人生活有所关联时，二者互相得以升华。电影表达了艺术家追求的真实（幽默提供了直接方式），不过这不是他本人所说的作品的真实，而是作品自身所说的真实。他喜欢自相矛盾。

> "这不是一场灾难，人应该学会在痛苦中生活，接受没有出路的事实，因为我们成长中接触的所有传统解决办法以及所有的处世哲学——心理治疗、宗教以及唯理智论——都没有价值[2]。"

身为犬儒的伍迪·艾伦从童年起就开始抨击时政。在他的职业生涯中，他对我们毫无保留地讲述世间的一切。他在银幕上展现卑微与高贵、精神的代表、资产阶级与资本主义化身、否定、相对性、

---

[1] Peter Sloterdijk, *Critique de la raison cynique*, op. cit., p. 145.
[2] 此句系 Woody Allen 所言，载于 1997 年 2 月 5 日的《摇滚时代》杂志。

客观分裂，其内容条目与艾萨克·戴维斯在《曼哈顿》中列出的同样冗长。他义愤填膺地反对现代性及其表现形式，反对好莱坞如今制作的影片，反对不断增长的狂热主义。然而，导演却将个人的愤怒加以转移，并将它转变为创作的原始材料，而这材料本身就包含着诸多冲突。正是在这种冲突的激荡之中，产生了颠覆、娱乐道德、反讽、驳斥、千姿百态的笑容以及满眼的泪水。因为对于艾伦式男主角而言，犬儒主义也是对抗抑郁的一种治疗手段，否则抑郁将影响他们生活的各个方面，这种明锐的姿态不仅消除了阴霾与晦涩，而且在反抗阴谋诡计的同时也揭示了它们的轮廓。

　　至今，伍迪·艾伦仍然坐在打字机旁边进行创作，而他的电影也始终采用三十五毫米胶片进行拍摄，计算机和数码技术对他而言似乎派不上什么用场，他对新技术的弃绝也绝非仅是一种行为。然而，若说导演不是出于义务与自己所处的时代妥协，那么他也从未屈服于这个时代的苛求、轻浮、潮流与范式。自由是他电影的写照，也正是这种在基调、风格和语言上的自由，才使他的电影得以永葆青春。从二十世纪七十年代的喜剧片起，他的作品真可谓经久不衰。然而，伍迪·艾伦却宣称，"我不想因自己的作品获得永生，而宁愿长存于世得以永生。"显然，他知道这种祈愿是荒谬的，只是未能保持缄默而已。导演以个人口齿清晰、四肢敏捷、目光明锐、精神饱满的姿态，始终准备蓄势待发，年复一年尽其才华为我们奉献银幕大餐，对此我们也希望能长久下去。当然，一位魔术师从来不会亮出他所有的花招。

　　　　"我不知道在我死以后，是受人赞美还是遭人唾弃①。"

　　　　　　　　　　　　　　　　　　　　　　　　伍迪·艾伦

---

① 此句系 Woody Allen 所言，由 Serge Kaganski 载于 2014 年 10 月 27 日的《摇滚时代》杂志。

影片列表

1965

《风流绅士》（*Quoi de neuf，Pussycat? /What's new，Pussycat?*）

导演：Clive Donner

剧本：Woody Allen

主演：Peter Sellers，Peter O'Toole，Romy Schneider，Woody Allen，
Ursula Andress

片长：108 分钟

制片：Charles K. Feldman

1966

《老虎百合》（*Lily la Tigresse/What's Up，Tiger Lily?*）

导演：Woody Allen et Senkichi Taniguchi

剧本：Woody Allen，Julie Bennett，Louise Lasser，Mickey Rose，
Frank Buxton，Lenn Maxwell，Ben Shapiro，Bryana Wilson

主演：Woody Allen，Louise Lasser，Mickey Rose

片长：80 分钟

制片：Woody Allen

制作公司：Toho 影业（日本）& Benedict Pictures Corp（美国）

1969[①]

《傻瓜入狱记》（*Prends l'oseille et tire-toi*/*Take the Money and Run*）

剧本：Woody Allen & Mickey Rose

主演：Woody Allen，Janet Margolin，Marcel Hillaire，JamesAnderson

片长：85 分钟

制片：Charles H. Joffe

制作：Palomar Pictures

1971

《香蕉》（*Bananas*）

主演：Woody Allen，Louise Lasser，Diane Keaton，Jacob Morales

片长：82 分钟

制片：Charles H. Joffe & Ralph Rosenblum

制作：Jack Grossberg

1972

《性爱宝典》（*Tout ce que vous avez toujours voulu savoir sur le sexe sans jamais avoir osé le demander*/*Everything You Always Wanted to Know About Sex But Were Afraid to Ask*）

剧本改编自 Dr Reuben 的手册

主演：Woody Allen，Louise Lasser，Gene Wilder

片长：87 分钟

制片：Jack Rollins & Charles H. Joffe，Brodsky-Gould Production

1973

《傻瓜大闹科学城》（*Woody et les robots*/*Sleeper*）

剧本与 Marshall Brickman 共同创作

———————————

① 自 1969 年以后的影片均由伍迪·艾伦同时撰写剧本并担任导演。

主演：Woody Allen，Diane Keaton，John Beck

片长：89 分钟

制片：Jack Rollins & Charles H. Joffe

1975

《爱与死》（*Guerre et Amour / Love and Death*）

主演：Woody Allen，Diane Keaton，Georges Adet

片长：85 分钟

制片：Jack Rollins & Charles H. Joffe

1977

《安妮·霍尔》（*Annie Hall*）

剧本与 Marshall Brickman 共同创作

主演：Woody Allen，Diane Keaton，Tony Roberts

片长：93 分钟

制片：Jack Rollins & Charles H. Joffe

1978

《内心深处》（*Interiors*）

主演：Diane Keaton，Geraldine Page，Sam Waterston

片长：93 分钟

制片：Jack Rollins & Charles H. Joffe/Creative Managment Associates

1979

《曼哈顿》（*Manhattan*）

主演：Woody Allen，Diane Keaton，Mariel Hemingway，Michael Murphy

片长：96 分钟

制片：Jack Rollins & Charles H. Joffe

1980

《星尘往事》（*Stardust Memories*）

主演：Woody Allen，Charlotte Rampling，Jessica Harper

片长：89 分钟

制片：Jack Rollins & Charles H. Joffe

1982

《仲夏夜绮梦》（*Comédie érotique d'une nuit d'été/A Midsummer Night's Sex Comedy*）

主演：Woody Allen，Mia Farrow，José Ferrer，Tony Roberts …

片长：88 分钟

制片：Jack Rollins & Charles H. Joffe

1983

《西力传》（*Zelig*）

主演：Woody Allen，Mia Farrow，Patrick Horgan

片长：79 分钟

制片：Jack Rollins & Charles H. Joffe

1984

《丹尼玫瑰》（*Broadway Danny Rose*）

主演：Woody Allen，Mia Farrow，Nick Apollo Forte

片长：84 分钟

制片：Jack Rollins & Charles H. Joffe

1985

《开罗紫玫瑰》（*La Rose pourpre du Caire/The Purple Rose of Cairo*）

创作受 Luis Pirandello[①] 的名剧《六个寻找剧作家的角色》（*Six Personnages en quête d'auteur*）启发

[①] 路伊吉·皮兰德娄（Luigi Pirandello，1867—1936），意大利小说家、戏剧家，1934 年获诺贝尔文学奖，代表作有《寻找自我》、《六个寻找剧作家的角色》等。——译者

主演：Woody Allen，Mia Farrow，Jeff Daniels

片长：82 分钟

制片：Robert Greenhut，Charles H. Joffe

发行：Orion Pictures Corporation

1986

《汉娜姐妹》(*Hannah et ses soeurs / Hannah and Her Sisters*)

主演：Michael Caine，Mia Farrow，Dianne Wiest

片长：103 分钟

制片：Robert Greenhut

发行：Orion Pictures Corporation

1987

《无线电时代》(*Radio Days*)

主演：Mia Farrow，Dianne Wiest，Jack Warden

片长：88 分钟

制片：Robert Greenhut

发行：Orion Pictures Corporation

1987

《情怀九月天》(September)

主演：Mia Farrow，Dianne Wiest，Elaine Stritch

片长：82 分钟

制片：Robert Greenhut，Charles H. Joffe，Jack Rollins

发行：Orion Pictures Corporation

1988

《另一个女人》(Une autre femme / Another Woman)

主演：Gena Rowlands，Mia Farrow，Ian Holm

片长：81 分钟

制片：Robert Greenhut

1989

《俄狄浦斯的烦恼》（Le Complot d'OEdipe/Oedipus Wrecks）（《纽
约故事》三部曲中的第三部短片）

主演：Woody Allen，Mia Farrow，Mae Questel

片长：88 分钟

制片：Robert Greenhut，Charles H. Joffe，Jack Rollins

发行：Touchstone Pictures

1989

《罪与错》（Crimes et Délits/Crimes and Misdemeanors）

主演：Martin Landau，Woody Allen，Bill Bernstein，Anjelica Huston

片长：104 分钟

制片：Robert Greenhut，Charles H. Joffe，Jack Rollins

发行：Orion Pictures Corporation

1990

《爱丽丝》（Alice）

主演：Mia Farrow，William Hurt，Joe Mantegna

片长：102 分钟

制片：Robert Greenhut，Charles H. Joffe，Jack Rollins

发行：Orion Pictures Corporation

1991

《影与雾》（Ombres et Brouillard/Shadows and Fog）

主演：Woody Allen，Mia Farrow，Michael Kirby

片长：85 分钟

制片：Robert Greenhut

发行：Orion Pictures Corporation

1992

《丈夫与妻子》（Maris et Femmes/Husbands and Wives）

主演：Woody Allen，Mia Farrow，Sydney Pollack

片长：108 分钟

制片：Robert Greenhut

发行：TriStar Pictures

1993

《曼哈顿谋杀疑案》（Meurtre mystérieux à Manhattan/Manhattan
　　Murder Mystery）

与 Marshall Brickman 共创剧本

主演：Woody Allen，Diane Keaton，Jerry Adler

片长：104 分钟

制片：Robert Greenhut

发行：TriStar Pictures

1994

《子弹横飞百老汇》（Coups de feu sur Broadway/Bullets Over Broadway）

与 Douglas McGrath 共创剧本

主演：John Cusack，Dianne Wiest，Jennifer Tilly

片长：98 分钟

执行制片：Letty Aronson & Charles H. Joffe

制片助理：Helen Robin

1994

《别喝生水》（Nuit de Chine/Don't Drink the Water）

改编自艾伦本人的同名戏剧

主演：Woody Allen，Julie Kavner，Michael J. Fox

片长：100 分钟

制片：Robert Greenhut & Letty Aronson

1995

《非强力春药》（Maudite Aphrodite/Mighty Aphrodite）

主演：Woody Allen, Helena Bonham Carter, Mira Sorvino

片长：95 分钟

制片：Robert Greenhut, Charles H. Joffe, JackRollins, Helen Robin, Letty Aronson, Jean Doumanian

发行：Miramax Films

1996

《人人都说我爱你》（Tout le monde dit I love you/Everyone Says I Love You）

主演：Woody Allen, Goldie Hawn, Julia Roberts

片长：101 分钟

制片：Robert Greenhut

发行：Buena Vista Pictures, Miramax Films, Sweetland Films

1997

《解构哈利》（Harry dans tous ses états/Deconstructing Harry）

主演：Woody Allen, Judy Davis, Tobey Maguire

片长：96 分钟

制片：Jean Doumanian

国际发行：Bac Films & Buena Vista International

1998

《名人百态》（Celebrity）

主演：Kenneth Branagh, Judy Davis, Winona Ryder

片长：113 分钟

制片：Jean Doumanian

制作公司：Jean Doumanian

1999

《甜美与卑微》（Accords et Désaccords/Sweet and Lowdown）

主演：Sean Penn, Samantha Morton, Woody Allen

片长：95 分钟

制片：Jean Doumanian

制作公司：Magnolia Productions

2000

《业余小偷》（Escrocs mais pas trop/Small Time Crooks）

主演：Woody Allen, Tracey Ullman, Hugh Grant

片长：94 分钟

制片：Jean Doumanian

制作公司：Dream Works SKG & Sweetland Films

2001

《玉蝎子的魔咒》（Le Sortilège du scorpion de Jade/The Curse of the
    Jade Scorpion）

主演：Woody Allen, Helen Hunt, Dan Akroyd

片长：103 分钟

制片：Letty Aronson

制作公司：Dream Works SKG, Gravier Productions, Rollins-Joffe
          Productions.

2002

《好莱坞结局》（Hollywood Ending）

主演：Woody Allen, Tea Leoni, Bob Dorian, Mark Webber

片长：112 分钟

制片：Letty Aronson

制作公司：Dream Works SKG, Gravier Productions, Perdido Productions

2003

《奇招尽出》（La vie et tout le reste/Anything Else）

主演：Jason Biggs, Woody Allen, Christina Ricci

片长：108 分钟

制片：Letty Aronson

制作公司：Dream Works SKG, Gravier Productions, Canal＋（France）

2004

《双生美莲达》（Melinda et Melinda/Melinda Melinda）

主演：Radah Mitchell, Chloé Sevigny, Will Ferrell

片长：99 分钟

制片：Letty Aronson

制作公司：Fox Searchlight Pictures

2005

《赛点》（Match Point）

主演：Scarlett Johansson, Jonathan Rhys-Meyers, Emily Mortimer

片长：124 分钟

制片：Letty Aronson, Lucy Darwin, Gareth Wiley

国际发行：Dream Works SKG & TFMD istribution

2006

《独家新闻》（Scoop）

主演：Scarlett Johansson, Woody Allen, Hugh Jackman

片长：96 分钟

制片：Letty Aronson, Gareth Wiley

制作公司：BBC Films & Ingenious Films Partners

2007

《卡珊德拉之梦》（Le Rêve de Cassandre/Cassandra's Dream）

主演：Colin Farrell, Ewan McGregor, Tom Wilkinson

片长：108 分钟

制片：Letty Aronson, Stephen Tenenbaum, Gareth Wiley

制作公司：Wild Bunch

2008

《午夜巴塞罗那》（Vicky Cristina Barcelona）

主演：Scarlett Johansson, Javier Bardem, Rebecca Hall

片长：96 分钟

制片：Letty Aronson, Stephen Tenenbaum, Gareth Wiley

制作公司：MediaPro Pictures & Gravier Productions

2009

《怎样都行》（Whatever Works）

主演：Larry David, Evan Rachel Wood, Henry Cavill

片长：92 分钟

制片：Letty Aronson, Stephen Tenenbaum

制作公司：Morena Filmes/Wild Bunch

2010

《遭遇陌生人》（Vous allez rencontrer un bel et sombre inconnu/You
    Will Meet a Tall Dark Stranger）

主演：Naomi Watts, Josh Brolin, Anthony Hopkins

片长：98 分钟

制片：Letty Aronson, Stephen Tenenbaum, Jaume Roures

制作公司：MediaPro Pictures, Gravier Productions, Versatil Cinema

2011

《午夜巴黎》（Minuit à Paris）

主演：Owen Wilson, Rachel McAdams, Kathy Bates

片长：94 分钟

制片：Letty Aronson, Stephen Tenenbaum, Jaume Roures

制作公司：MediaPro Pictures, Gravier Productions, Versatil Cinema

2012

《爱在罗马》（To Rome With Love）

主演：Jesse Eisenberg，Woody Allen，Alec Baldwin

片长：112 分钟

制片：Letty Aronson，Stephen Tenenbaum，Giampaolo Letta

制作公司：Medusa Produzione，Gravier Productions，Perdido Productions

2013

《蓝色茉莉》（Blue Jasmine）

主演：Cate Blanchett，Alec Baldwin，Sally Hawkins

片长：98 分钟

制片：Letty Aronson，Stephen Tenenbaum，Edward Walson

制作公司：Gravier Productions，Perdido Productions

2014

《魔力月光》（Magic in the Moonlight）

主演：Colin Firth，Emma Stone，Marcia Gay Harden

片长：97 分钟

制片：Letty Aronson，Stephen Tenenbaum，Edward Walson

制作公司：Gravier Productions，Perdido Productions

2015

《非理之人》（L'Homme irrationnel/Irrational Man）

主演：Avec Joaquin Phoenix，Emma Stone，Parker Posey

片长：96 分钟

制片：Letty Aronson，Stephen Tenenbaum，Edward Walson

制作公司：Gravier Productions

参考文献

伍迪·艾伦个人著作（法文版）

Destins tordus，Seuil，1988；Robert Laffont，collection《Pavillons Poche》，2006.

Dieu, Shakespeare et moi，Seuil，2001；collection《Points》，2009.

L'erreur est humaine，traduction Nicolas Richard，Flammarion，2007.

Pour en finir une bonne fois pour toutes avec la culture，traduction Michel Lebrun，Solar，1993；Seuil，collection《Points》，2009.

戏剧（业已出版的作品）

1966：《别喝生水》（*Don't Drink the Water*）

1969：《呆头鹅》（*Play It Again Sam/Une aspirine pour deux*）

1975：《死神》（*Death*）

1975：《上帝》（*God*）

1991：《中央公园西面》（*Central Park West*）

2003：《河边行驶》（*Riverside Drive / Adultères*）

2004：《二手回忆》（*Second Hand Memory / Puzzle*）

2011：《蜜月旅馆》（*Honeymoon Motel*）

对话访谈录

Stig Björkman，Woody Allen，*Entretiens avec StigBjörkman*，Les Cahiers du cinéma，2002.

Jean-Michel Frodon，*Conversations avec Woody Allen*，Plon，2000.

Eric Lax，*Entretiens avec Woody Allen*，Plon，2007.

有关伍迪·艾伦的著作

John Baxter，*Woody Allen*，Flammarion，collection《Grandes biographies》，2000.

Gilles Cèbe，*Woody Allen*，Éditions Henry Veyrier，1984.

Florence Colombani，*Woody Allen*，Les Cahiers du cinéma，collection 《Grands cinéastes》，2012.

Laurent Dandrieu，*Woody Allen. Portrait d'un antimoderne*，CNRS Éditions，2010.

Guillaume Evin，*Woody Allen*，*un ovni à Hollywood*，Trimée Éditions，collection《Histoire et Civilisation》，2008.

Eric Lax，*On Being Funny*：*Woody Allen and His Comedy*，Charterhouse，1975.

图书在版编目(CIP)数据

伍迪·艾伦传/(法)卡昂(Ava Cahen)著;陆泉枝译.—上海:
上海译文出版社,2018.7
书名原文:Woody Allen
ISBN 978-7-5327-7701-3

Ⅰ.①伍… Ⅱ.①卡…②陆… Ⅲ.①伍迪·艾伦—传记
Ⅳ.①K837.125.78

中国版本图书馆 CIP 数据核字(2017)第 307900 号

Ava Cahen
Woody Allen
Copyright © 2015 by Editions de l'Archipel
Copyright licensed by Editions de l'Archipel
arranged with Andrew Nurnberg Associates International Limited
All rights reserved.

图字:09-2016-646 号

伍迪·艾伦传

[法]艾娃·卡昂 著 陆泉枝 译
责任编辑/范炜炜 装帧设计/broussaille 私制

上海译文出版社有限公司出版、发行
网址:www.yiwen.com.cn
200001 上海福建中路 193 号 www.ewen.co
昆山市亭林印刷有限责任公司印刷

开本 890×1240 1/32 印张 7.75 插页 2 字数 160,000
2018 年 7 月第 1 版 2018 年 7 月第 1 次印刷
印数:0,001-7,000 册

ISBN 978-7-5327-7701-3/K·260
定价:48.00 元